IAL ÁRTICO
UROPA
ASIA
FRICA
OCÉANO
PACÍFICO
OCÉANO
ÍNDICO
OCEANÍA
O
ÁRTIDA

Geronimo Stilton

MI PRIMER ATLAS DE ANIMALES

Círculo de Lectores

Textos de Geronimo Stilton
Inspirado en una idea original de Elisabetta Dami
Imágenes de interior y cubierta: © Shutterstock
www.geronimostilton.com

Círculo de Lectores, S. A.
Travessera de Gràcia, 47-49. 08021 Barcelona
www.circulo.es
3107987654321

Licencia editorial para Círculo de Lectores
por cortesía de Editorial Planeta, S. A.
Está prohibida la venta de este libro a personas
que no pertenezcan a Círculo de Lectores

ISBN: 978-84-672-5463-1
Depósito legal: B. 427-2013
Impreso por Grafo, S. A.
Impreso en España
N.º 22061

Queridos amigos y amigas roedores,

Después de nuestra larga y **superratónica** odisea por España y el resto del mundo, pensaba que podría guardar la maleta en el desván y olvidarme durante un buen tiempo de tantas aventuras.

¡Qué equivocado estaba! Mientras escribía los textos para nuestro anterior libro, titulado *Mi primer atlas,* Patty no paraba de hacer comentarios sobre la belleza de los paisajes que habíamos recorrido. ¡Y, por si fuera poco, Tea le iba enseñando más y más fotos, y Hiena le explicaba cómo **organizar** una expedición a los lugares más misteriosos y fascinantes del **MUNDO**!

Y así surgió la idea: recorrer de nuevo el planeta para confeccionar un atlas en el que localizar las especies de **ANIMALES** más peculiares de cada continente. Se trataba de una idea genial, claro… para ellos, pero yo me sentía un poooco… inquieto y estaba *pálido como un quesito.* Pero ¿cómo podría negarme? Tengo la gran suerte de contar con una **fantástica** familia y unos amigos dispuestos a emprender toda clase de hazañas.

Hemos recorrido miles y miles de kilómetros para recopilar toda la información necesaria. Como veréis en las páginas siguientes, hemos incluido **MAPAS**, **fotografías**, **datos** y, *¡por mil quesos de bola!*, no me negaréis que ha valido la pena. Podréis conocer a los animales más fantásticos, peligrosos e interesantes… ¡sin moveros de casa!

¡Venga, rápido, pasad la página y disfrutad de las **AVENTURAS** que os esperan a lo largo de este **maravilloso** viaje al mundo animal!

Geronimo Stilton

EL VIAJE: EL ITINERARIO...

Las páginas del atlas muestran el itinerario de nuestro fantástico viaje. Antes de partir tuvimos que investigar un **montón**. No podíamos buscar animales a lo **loco**... Por eso dedicaremos la primera parte del libro a conocerlos mejor.

Salimos de Ratonia a bordo de un avión, rumbo a América, un continente enorme que recorrimos de norte a sur. ¡Uf, para mí fue una **SUPERAVENTURA**! Luego fuimos a Europa, África, Asia, Oceanía... y Hiena nos convenció para visitar los Polos y, *¡Por mil quesos de bola!*, los mágicos fondos marinos.

ÍNDICE

... Y MIS COMPAÑEROS

No podía adentrarme en esta aventura sin contar con la compañía de mi familia y amigos. Cada uno ayudó en lo que pudo y juntos trabajamos para poder completar este atlas que tienes en tus manos.

Benjamín aportó detalles muy curiosos sobre el modo de vida de los animales y nos ayudó a dibujar los mapas.

Mi hermana Tea no paró de tomar fotografías, incluso de los animales más peligrosos. ¡Qué valiente es!

Metomentodo Quesoso, con su increíble lupa, nos ayudó a observar de cerca a los animales más característicos de cada continente.

Mi primo Trampita decidió investigar cómo se alimentan los animales y descubrió que algunos tienen dietas muy peculiares.

El intrépido HIENA nos guió por selvas y pantanos y nos protegió de algunos animales con malas pulgas.

Patty Spring nos habló de las especies que se encuentran amenazadas y en grave peligro de extinción.

Y gracias al submarino que nos prestó el **Profesor Voltio** pudimos explorar el maravilloso fondo marino.

Todos los continentes cuentan con una gran variedad de animales. Sin embargo, **África** es sin duda el más rico de todos y el que posee un **mayor número de especies de gran tamaño**. ¡Nuestra expedición por aquellas tierras fue interesantísima... y agotadora!

Aunque **los océanos ocupan el 71 % de la superficie terrestre**, la mayor parte de los animales vive en tierra firme. Cuando me acompañes en mi exploración de los fondos marinos, verás que casi todos habitan por encima de los 1.000 metros de profundidad.

Asia y **Europa** están unidas y forman un **supercontinente**, el más grande del mundo. A lo largo y ancho de su territorio, puede encontrarse **la mayor variedad de hábitats** de todo el planeta.

A la hora de estudiar las especies animales, muchas pueden agruparse en **familias**. Una familia puede estar representada por **varias especies** en distintas partes del mundo. **Oceanía** es un continente muy especial. ¡Más del **90 %** de las especies animales que lo habitan no se encuentran en otro lugar del mundo!

¿CÓMO PODEMOS CLASIFICAR A LOS ANIMALES?

La gran mayoría de los peces, como este **MANDARÍN**, respira a través de branquias. El resto de los vertebrados lo hace con pulmones salvo los anfibios, que también las tienen antes de transformarse en adultos.

La **ZOOLOGÍA** es la ciencia que se ocupa de los animales. Los zoólogos, que así se llaman los científicos que dominan esta rama del conocimiento, estudian los animales desde muchos puntos de vista: su aspecto físico, su comportamiento, su relación con el lugar que habitan, las otras especies con las que conviven, etc. En nuestro planeta viven **más de millón y medio** de especies animales ¡Y cada año se descubren nuevas! ¿Cómo pueden clasificarse? Podemos diferenciar a los animales por su estructura física, por su alimentación y por el modo en que se reproducen.

¡Qué bonito es este **herrerillo común**! ¿A que no sabías que las aves descienden, ni más ni menos, que de los dinosaurios? Así es. Aparecieron hace unos 200 millones de años.

Por su estructura física: animales vertebrados e invertebrados

ANIMALES VERTEBRADOS

Con este nombre se conoce a todos los animales que poseen **columna vertebral** (por eso se llaman así, «vertebrados»). Pertenecen a este grupo los **peces**, los **reptiles**, los **ANFIBIOS**, las **aves** y los **mamíferos**. En total, hay unas 46.000 especies distintas.

Si los observamos con atención, veremos que su cuerpo se divide en tres partes bien diferenciadas: la **cabeza**, el **tronco** y la **cola** (aunque en algunos animales, como las ranas o los seres humanos, ha desaparecido casi por completo). Del tronco parten las extremidades, que siempre son pares y sirven para moverse.

¿Sabías que las ranas, los seres humanos y algunos simios como el chimpancé tienen cola? Pues sí, aunque no la veas. Las **ranas**, durante la primera etapa de su vida, cuando son renacuajos, tienen una cola que pierden al transformarse en adultos. Los **seres humanos**, al igual que algunos de sus primos los **primates**, perdieron la cola hace muchos millones de años, pero les queda un resto al final de la columna vertebral.

Los peces y los reptiles, como este **GECO LEOPARDO** pueden **REGULAR** la temperatura de su cuerpo en función del ambiente. Tan sólo deben colocarse en un lugar cálido para aumentarla o en otro fresco para reducirla.

ANIMALES INVERTEBRADOS

Los animales invertebrados son aquellos que **no tienen columna vertebral**. Se han adaptado a todos los ambientes del planeta, incluso los que pueden resultar más incómodos, con temperaturas extremas, falta de luz solar, etc.
Pertenecen a este grupo los **artrópodos** —entre los que se encuentran los arácnidos (como la tarántula), los crustáceos (el cangrejo), los insectos (la hormiga) y los miriápodos (la escolopendra)—, los **celenterados** (anémonas, corales, medusas), los **equinodermos** (erizos y estrellas de mar), los **moluscos** (calamares, caracoles, ostras, pulpos), los **poríferos** (esponjas) y diversos grupos de gusanos que se clasifican según sean cilíndricos, planos…

Los **erizos de mar** forman parte de uno de los grupos más extraños y peculiares de la fauna marina. Pertenecen a la categoría de los equinodernos, junto con las estrellas de mar.

Los moluscos tienen el cuerpo blando y muchas veces está protegido por una concha. Se dividen en **GASTERÓPODOS**, como los caracoles; **BIVALVOS**, como las almejas; y **CEFALÓPODOS**, como el pulpo. Lo mejor de los moluscos es que ¡muchos son comestibles!

Los **INSECTOS** son los animales más abundantes de nuestro planeta: ¡hay más de **UN MILLÓN** de especies distintas!

Los artrópodos están recubiertos por una piel durísima que actúa como un esqueleto externo y disponen de patas y antenas articuladas. Algunos son muy espectaculares, como esta **TARÁNTULA** tan grandota. ¡Me desmayé al verla!

Por su alimentación: herbívoros, carnívoros y omnívoros

Los seres vivos necesitan energía para vivir. Las plantas pueden producirla por sí mismas gracias a la fotosíntesis, pero los animales deben conseguirla de otros seres vivos. Tanto las plantas como los animales forman parte de la llamada **cadena alimentaria**.

La cadena comienza con un vegetal. Algún animal comerá una parte de la planta, como las hojas, el fruto o las raíces, y más adelante, otro animal devorará al primero.

Según el tipo de alimentación, podemos distinguir entre tres tipos de animales: los que se alimentan de vegetales **(herbívoros)**, los que se alimentan de otros animales **(carnívoros)** y los que se alimentan tanto de animales como de vegetales **(omnívoros)**.

Los rumiantes, como este **BÚFALO TAILANDÉS**, han desarrollado una manera muy peculiar de digerir la comida. Lo hacen en dos etapas: primero mastican la hierba y se la tragan, y luego, tras iniciar la digestión, la devuelven a la boca, la mastican otra vez y la pasan de nuevo al estómago.

ANIMALES HERBÍVOROS

Los herbívoros se nutren principalmente de **plantas**. Tras los vegetales, ocupan la siguiente posición en la cadena alimentaria. Los hay vertebrados e invertebrados. En el primer grupo, destacan sobre todo los MAMÍFEROS RUMIANTES (por ejemplo, vacas, ciervos, cabras, ovejas…) y en el segundo, los INSECTOS. También son herbívoros algunos reptiles como las iguanas, las crías de los anfibios, como los renacuajos, y algunos peces.

La dieta es más importante de lo que parece: el organismo de todas las especies se ha adaptado para asimilar los alimentos. Estos cambios afectan sobre todo a la boca y al aparato digestivo.

Podría decirse que la mayor parte de los animales son herbívoros. ¿Sabes por qué? ¡Porque muchos invertebrados se alimentan sólo de vegetales! La **TERMITA**, por ejemplo, se ha especializado en **COMER MADERA**.

ANIMALES CARNÍVOROS

Como habrás adivinado por su nombre, estos animales **se alimentan de carne** que obtienen de otros animales. Son carnívoros animales como, por ejemplo, el tiburón, el águila, el león y el oso polar.

Todos poseen algún tipo de órgano para capturar a las presas, como los dientes y las garras en el caso del leopardo o las pinzas y el aguijón en el caso del escorpión. Aunque muchos se dedican a la caza, algunos, los conocidos como carroñeros, prefieren los restos de animales muertos.

La **MANTIS RELIGIOSA** es uno de los insectos carnívoros más feroces que se conocen: la hembra llega incluso a devorar al macho.

ANIMALES OMNÍVOROS

Algunos animales comen carne y vegetales. Se los conoce con el nombre de **omnívoros.** Por lo general son **mamíferos**, como los chimpancés o los osos, aunque también hay aves, como las gaviotas o los avestruces; peces, como la piraña; y reptiles, como los lagartos, los camaleones y algunas especies de tortugas.

La **GAVIOTA** es una de las pocas especies de aves omnívoras que existen.

El **SILURO** es uno de los peces carnívoros de agua dulce más voraces. ¡Algunos llegan a pesar hasta **100 KILOS**!

La **SERPIENTE** es uno de los carnívoros más peculiares, ya que en lugar de masticar a sus presas, las engulle enteras. Algunas, como la pitón (la más grande que se conoce), puede devorar incluso a una gacela.

A diferencia del jabalí, que es herbívoro, el **CERDO COMÚN** es completamente omnívoro.

Todos los huevos tienen características en común: son redondeados y poseen una capa exterior que protege a la futura cría, el **embrión**. El nacimiento, o eclosión, se produce cuando ésta rompe el huevo.

Por su reproducción: ovíparos y vivíparos

Los seres vivos, además de crecer y alimentarse, se **REPRODUCEN**, es decir, disponen de la capacidad de crear nuevos seres vivos. La mayor parte de los animales la llevan a cabo mediante un tipo de reproducción llamada **sexual**, en la que intervienen un ejemplar **macho** y otro **hembra**. Al unirse, el macho fecunda a la hembra y se crea un nuevo ser que, en sus primeros momentos, aún no está completamente formado y se denomina **embrión.**
Según como se lleve a cabo el desarrollo de ese embrión, se distingue entre especies ovíparas y vivíparas.
Los animales **ovíparos** se reproducen mediante **HUEVOS**. Las hembras, cuando han sido fecundadas por el macho, los depositan, por ejemplo, en un nido y los embriones se desarrollan por su cuenta hasta el momento en que, ya convertidos en crías, rompen el huevo.
Esta forma de reproducción es la más común en el reino animal. Sólo algunos vertebrados han creado otra completamente distinta en la que, tras producirse la fecundación, el embrión, en lugar de desarrollarse en el exterior, lo hace en el interior de la hembra, dentro de una **PLACENTA**. A este tipo de animales se los conoce como **vivíparos**.

No todas las especies ovíparas cuidan de sus huevos. Las tortugas, por ejemplo, **los depositan en un hoyo excavado en la playa** y, tras taparlos, los abandonan. Las crías, al nacer, deben llegar a la superficie y correr con todas sus fuerzas hasta el mar.

La **placenta** es un órgano que desarrollan las hembras de las especies vivíparas para alojar a los embriones durante el período de gestación.

Además de los animales invertebrados, todos los reptiles, peces, aves y anfibios **(COMO ESTE SAPO)**, se reproducen mediante huevos.

Algunos animales, como las medusas o las estrellas de mar, pueden reproducirse solos, sin que tengan que buscar pareja. Tan sólo… ¡tienen que dividirse por la mitad! A este tipo de proceso se lo conoce como **reproducción asexual**.

En algunas especies de mamíferos, las hembras no poseen una placenta y paren a la cría al cabo de unas pocas semanas. Sin embargo, la madre, en lugar de cuidarlas al exterior, lo hace en una bolsa que tiene en su abdomen, el **marsupio**, hasta que se hayan desarrollado por completo. Este tipo de reproducción es propia de una clase de especies llamadas **marsupiales**, entre las que se encuentran el canguro, la zarigüeya o el koala, por ejemplo.
Asimismo, existe otra clase de especies muy peculiar cuya reproducción posee características propias de los animales ovíparos y de los vivíparos. Se trata de los llamados **ovovivíparos**.
Los animales ovovivíparos se reproducen mediante huevos. Sin embargo, las hembras, en lugar de ponerlos en el exterior y esperar a que eclosionen, los mantienen dentro de su cuerpo durante la gestación hasta el momento del parto, como si fuesen vivíparas. Este tipo de reproducción es bastante habitual en **reptiles**, como la víbora, y **peces**, como el tiburón y la manta-raya.

Todos los animales vivíparos son **MAMÍFEROS**, sean terrestres o acuáticos, como el delfín.

¿Sabías que hay mamíferos que ponen huevos? Pues sí, por muy raro que te parezca, hay dos especies que lo hacen: los **ornitorrincos** y los **equidnas**. Si quieres saber algo más sobre ellos, tendrás que acompañarnos hasta Oceanía... o ir a la página 70.

Aunque los canguros y los koalas sean, en general, los marsupiales más conocidos, esta clase de animales engloba a un buen número de mamíferos, muchos de ellos de pequeñas dimensiones, como los **pósum de cola de cepillo**.

Tras el apareamiento, las **MANTA-RAYAS** guardan los huevos en el interior de su cuerpo.

HÁBITATS

Cada especie reside en un lugar muy especial, donde encuentra el clima, el terreno, la comida y los compañeros adecuados para desarrollarse y reproducirse. A esos espacios donde habitan se los denomina **hábitats**.

Para que un lugar pueda considerarse un hábitat, debe poseer un **clima** y un tipo de **terreno** que lo distingan de otros lugares. El hecho de que los océanos, por ejemplo, estén constituidos por agua y las temperaturas oscilen entre –1 y 30 °C, los convierte en un lugar muy distinto a los desiertos, donde apenas hay lluvias y las temperaturas puedan bajar hasta los –47 °C o alcanzar los 50 °C. En ambos casos, podemos considerar estos ambientes como hábitats.

En vista de las diferencias de clima o de terreno, los seres vivos que se desarrollen en cada hábitat deberán tener unas características determinadas que les permitan prosperar y reproducirse. Esas características que les permiten sobrevivir las han adquirido con el paso de las generaciones y constituyen un proceso que se conoce como **adaptación al medio**.

Hay muchos tipos de bosque. Quizá te suene más **el europeo**, como éste situado en **Galway (Irlanda)**, pero no olvides que hay otros muy distintos a los que solemos conocer con los nombres de **jungla** o **selva**.

Aunque cuando hablamos de desiertos solemos pensar en el Sáhara, **NO TIENEN POR QUÉ SER DE ARENA**. La única condición para que un lugar sea desértico es la ausencia de lluvias.

Todos los hábitats, incluso los más extremos, poseen algún tipo de vida. Por lo general, suelen estar poblados por especies vegetales y **ANIMALES** que, como has visto en las páginas 14 y 15, forman una **cadena alimentaria**.

El conjunto de animales y vegetales que habitan en un lugar determinado y el medio en el que viven se denomina **ecosistema**. Así, podríamos decir que un ecosistema es un grupo de seres vivos que comparte un mismo hábitat.

A lo largo de nuestro viaje, visitaremos paisajes muy distintos. Muchos poseen ciertas características comunes que nos permiten establecer varios tipos de **hábitat**. A continuación, te presentamos los más importantes.

Bosques: estas áreas, pobladas sobre todo por árboles de gran tamaño, constituyen uno de los hábitats más importantes, ya que allí se producen grandes cantidades del oxígeno que respiramos los seres vivos.

Desiertos: pueden ser de arena, roca, tierra, hielo… La única condición para que un lugar se considere desértico es que llueva poco.

Praderas, estepas y sabanas: pobladas sobre todo por hierbas y arbustos, suelen encontrarse en el interior de los continentes, donde los inviernos son fríos y los veranos, calurosos.

Litoral: situadas entre el océano y el interior de los continentes, las costas son una de las zonas más cambiantes del planeta por la acción del mar, que desgasta las rocas, produce arena, arrastra materiales de un lugar a otro, etc. Estos cambios han propiciado la creación de pequeñas áreas con especies animales y vegetales propias.

Regiones montañosas: se encuentran a mayor altitud que las zonas litorales y son mucho más frías. A diferencia de los bosques, desiertos o praderas, los seres vivos se organizan en función de la altitud: a medida que se asciende, algunas especies desaparecen y aparecen otras más adaptadas al frío.

Ríos, lagos y pantanos: el hecho de que estén formados por agua dulce ha propiciado la aparición de especies animales y vegetales completamente distintas a las que viven en los mares y océanos. No obstante, hay algunas, como el salmón, que pueden vivir en ambos hábitats.

Océanos: cubren el 71 % de la superficie total del planeta. Están constituidos por agua salada y poseen una profundidad media de 3.900 metros, aunque hay zonas, como la fosa de las Marianas, donde se sobrepasan los 11.000 metros.

En las regiones montañosas, como ésta de los **ALPES DOLOMITAS**, en Italia, el paisaje cambia a medida que aumenta la altitud y ciertas especies animales y vegetales dejan paso a otras más resistentes.

Los ríos y sus inmediaciones —como **EL MEKONG**, en Vietnam—, son uno de los lugares más propicios para el desarrollo de la vida.

Los océanos albergan una **GRAN VARIEDAD** de especies animales y vegetales, sobre todo en las zonas más cálidas y cercanas a la costa.

AMÉRICA DEL NORTE Y CENTRAL

Al planificar el viaje, decidimos comenzar por **AMÉRICA**. Ya en el avión, Hiena nos sugirió que dejásemos la zona situada en el extremo norte para más adelante, ya que los animales que viven allí son típicos de las zonas polares. ¡Un buen consejo, porque no me apetecía nada ponerme ropa de abrigo! Tradicionalmente, se considera que el continente americano se divide en **tres** grandes áreas: dos subcontinentes, **AMÉRICA DEL NORTE** y **AMÉRICA DEL SUR**, unidos por una larga lengua de tierra que se conoce como **AMÉRICA CENTRAL**.

La laguna Botos, en Costa Rica, es uno de los parajes más bellos del bosque tropical centroamericano.

AMÉRICA DEL NORTE, con una extensión de 24.315.410 km², posee una gran variedad de climas y regiones, desde las tundras árticas, hasta los desiertos del sur, pasando por todo tipo de bosques, selvas y zonas pantanosas.

Aunque **AMÉRICA CENTRAL** es bastante más pequeña (tan sólo tiene 522.760 km²), es una zona de gran riqueza natural. Las temperaturas frescas y suaves, junto con la humedad, han permitido que en sus bosques y llanuras se hayan desarrollado ciertas especies animales propias que conviven con otras provenientes de otras regiones del continente.

América del Norte y **Central** es muy peculiar: a lo largo y ancho del subcontinente pueden encontrarse ejemplos de casi todos los climas y hábitats del planeta.

BOSQUE Y MONTAÑA

Buena parte de **AMÉRICA DEL NORTE** y **CENTRAL** está cubierta de bosques de pinos, cedros y arces. En algunas zonas cercanas a la costa del Pacífico se alzan las gigantescas **SECUOYAS**, árboles de **2.000** o **3.000 AÑOS** de edad que pueden superar los 100 metros de altura.
En estos bosques, surcados por ríos y arroyos, vive toda clase de **herbívoros**, desde pequeños roedores, hasta enormes rumiantes.

Muchos de los bosques y zonas montañosas se han convertido en **reservas naturales**, como el parque de Yosemite, en California (Estados Unidos).

CASTOR

Sus impresionantes ***INCISIVOS*** le permiten talar árboles con los que construye diques en ríos y arroyos. Esas barreras le sirven para contener el agua y crear lagos artificiales en los que edifica su madriguera. Se alimenta de hojas, cortezas y frutos.

OSO GRIZZLI

Habitual de los bosques de Estados Unidos y Canadá es uno de los osos más fieros y grandes que se conocen. Cuando se pone de pie, ¡puede medir casi ***DOS METROS Y MEDIO***! Aunque su dieta es omnívora, suele cazar presas grandes, como renos, alces...

PUERCOESPÍN

Habita en los bosques de Estados Unidos y Canadá, si bien existen otras especies que viven en México, Colombia o Uruguay. Su pelo, duro y afilado, está formado por ***PÚAS*** que le sirven de protección: ante una amenaza, se erizan.

El puma es un **ANIMAL MUY RESPETADO** por todos los pueblos indígenas de América. Su ferocidad y elegancia ha inspirado muchos mitos y leyendas tradicionales.

PUMA

Conocido también como «león de montaña», vive en una de las regiones más extensas de la Tierra: desde Alaska hasta la Patagonia argentina. Con casi **2,5 METROS DE LONGITUD**, es el segundo felino más grande de América, superado sólo por el jaguar y el cuarto más grande del mundo. Suele ser bastante solitario y se alimenta de toda clase de animales, desde ciervos a insectos y pequeños roedores.

WAPITÍ

También llamado «ciervo americano», posee un tamaño considerable (casi 1,5 metros de altura y 2,5 metros de longitud), sólo superado por el alce. Únicamente los machos tienen **CUERNOS**, que crecen unos 2,5 centímetros al día y caen cada año. Vive en una región bastante amplia, situada en el oeste de Estados Unidos y Canadá.

ALCE

Emparentado con los ciervos, este enorme herbívoro —el mayor del continente (alcanza los **2,15 METROS DE ALTURA**)— vive en los bosques del noroeste americano. Sus potentes mandíbulas le permiten alimentarse de hojas y ramas de árboles y arbustos. Las hembras, a diferencia de los machos, no poseen astas.

MAPACHE

Este pequeño **CARNÍVORO**, del tamaño de un gato y cara de pillastre —a causa, sobre todo, de su antifaz—, vive en los bosques, cerca de los ríos. Aunque es un buen cazador, se ha acostumbrado a merodear por la periferia de los pueblos y pequeñas ciudades para hurgar en los contenedores de basura, por lo que también se lo puede considerar un carroñero.

Los **desiertos americanos** suelen ser de tierra y roca. Algunos pueden ser tan sorprendentes como el que se extiende a lo largo del Cañón Bryce, en Utah.

DESIERTO

A diferencia de los desiertos africanos, compuestos por enormes extensiones de fina arena en los que, de vez en cuando aparecen pequeños oasis, los **desiertos** americanos **son rocosos** y poseen un poco más de vegetación (en el de Sonora, por ejemplo, hay más de 2.000 especies de plantas distintas).
El **clima** es **seco**, sin apenas lluvias y la temperatura pasa de los 0 a los 45 °C a lo largo del día. En un medio tan duro, no es raro que vivan sólo animales de tamaño pequeño o mediano que no requieren una alimentación demasiado abundante.

COYOTE

Presente sólo en América del Norte y América Central, el coyote es un **CARNÍVORO** emparentado con el perro. De poca altura (unos 60 centímetros como máximo), se caracteriza por tener un hocico y unas orejas de gran tamaño. Su pelaje puede ser marrón, grisáceo o rojizo, según la zona en que habite. De costumbres solitarias, suele formar parejas estables, aunque en algunas ocasiones forma manadas.

CORRECAMINOS

Si viajas por los desiertos del sur de Estados Unidos y el norte de México, podrás encontrarte con esta simpática **AVECILLA**. De un tamaño considerable (mide unos 60 centímetros de largo y unos 30 centímetros de ancho), se alimenta de pequeños animales, como lagartijas, ratones o insectos. Aunque puede volar, vive sobre todo en tierra.

Eso sí, no **DEJARÁ QUE TE ACERQUES DEMASIADO**: en cuanto te vea, saldrá corriendo. Puede alcanzar los 30 km/h.

SERPIENTE DE CASCABEL

Emparentada con la víbora, la serpiente de cascabel es un **REPTIL** típicamente americano: puede encontrarse en una amplia zona que va desde el sureste de Canadá hasta el norte de Argentina. Existen 29 especies distintas, todas muy venenosas.

MONSTRUO DE GILA

Este **REPTIL** es el lagarto de mayores dimensiones de **AMÉRICA DEL NORTE**: mide entre 35 y 60 centímetros de largo, y pesa casi un kilo. Se alimenta de pequeños insectos y roedores. Su piel, muy gruesa, está formada por escamas amarillas, blancas y rosadas. Sus patas apenas le permiten mover su enorme corpachón.

CIERVO MULO

En las zonas más verdes del desierto de Chihuahua, en México, vive este tipo de ciervo. Se alimenta de hojas tiernas y frutos de arbustos, y soporta muy bien los ambientes más secos. Los machos suelen ser bastante solitarios, así que las únicas manadas que pueden verse están formadas por **HEMBRAS Y CRÍAS**.

HALCÓN DE COLA ROJA

Esta **AVE DEPREDADORA** es una de las más comunes de toda América del Norte. Posee un tamaño reducido: mide unos 60 centímetros de altura y unos 140 centímetros con las alas extendidas. Se alimenta de insectos, reptiles y pequeños roedores.

¡NO TE FÍES DE SU ASPECTO SIMPÁTICO Y JUGUETÓN! La mofeta posee una potente arma que no duda en utilizar cuando se siente amenazada: un potente olor que puede lanzar… ¡a más de dos metros de distancia!

MOFETA

También conocida como zorrillo, este pequeño **CARNÍVORO** suele medir entre 40 y 90 centímetros de largo. Aunque la mayor parte de ejemplares posee un característico pelaje negro y blanco, también los hay de color gris o marrón. Vive en madrigueras y duerme durante **TODO EL INVIERNO**.

JUNGLA, PANTANOS Y ZONAS COSTERAS

Las zonas **tropicales** de **AMÉRICA DEL NORTE** y **CENTRAL** están llenas de vida: en sus húmedos y cálidos bosques habitan millares de animales y vegetales en un delicado equilibrio. No en vano, las junglas son los ecosistemas más poblados del mundo, ya que albergan aproximadamente el **80%** de todas las especies que pueblan nuestro planeta.

En las regiones costeras del sur de América del Norte, son habituales **los manglares**, zonas pantanosas donde se desarrolla todo tipo de especies de agua dulce.

FLAMENCO DEL CARIBE

Esta preciosa **AVE**, de unos 130 centímetros de altura, vive en los lagos y la costa de la América tropical, donde se alimenta de crustáceos, insectos, algas y plantas acuáticas.

MONO AULLADOR

También llamado **CARAYÁ**, es el mono de mayores dimensiones de todo el **CONTINENTE AMERICANO** (mide entre 90 y 130 cm, de los cuales, la mitad corresponde a la cola). Habita en junglas y bosques húmedos, cerca de ríos y lagos. Aunque suele ser de color negro, existen variedades con el pelo marrón o gris.

¡Vaya susto me llevé cuando me encontré con un pecarí! **PENSABA QUE ERA UN JABALÍ**. Por suerte, me di cuenta de que no le sobresalían los colmillos...

PECARÍ

Pariente lejano de los **CERDOS SALVAJES EUROPEOS**, el pecarí es bastante más pequeño (mide entre 90 y 130 centímetros de largo y no sobrepasa los 40 kg de peso). Es **OMNÍVORO** y vive de noche.

CAIMÁN DE ANTEOJOS

Este enorme **REPTIL** (supera los 2,5 metros de longitud) habita en los ríos, pantanos y lagos de América Central y está emparentado con los cocodrilos del Amazonas, llamados **YACARÉS**.

BOA CONSTRICTOR

De hasta **CUATRO METROS DE LONGITUD**, estas enormes serpientes suelen permanecer colgadas de los árboles hasta que llega la noche. Luego, bajan al suelo en busca de algún animalillo al que capturan con su fatal abrazo.

IGUANA

Aunque su aspecto puede asustarnos, la iguana es un **REPTIL HERBÍVORO** inofensivo y bastante pequeño (sólo mide 70 centímetros) que vive en los árboles de los bosques tropicales de América Central y el Caribe.

AJOLOTE

Este curioso **ANFIBIO** vive únicamente en algunos lagos mexicanos. A pesar de su aspecto, es **UN CARNÍVORO VORAZ** que se alimenta de insectos, gusanos, renacuajos y pequeños peces. Hoy se encuentra en grave peligro de extinción.

TORTUGA CAREY

Gracias al caparazón plano y sus patas en forma de aletas, el cuerpo de esta tortuga está adaptado para nadar en mar abierto. Sin embargo, en muchos casos prefiere vivir en las zonas costeras. Aunque es **OMNÍVORA**, se alimenta mayormente de **ESPONJAS**. Por desgracia, se trata de una especie a punto de desaparecer.

Si quieres saber más sobre las **ESPECIES EN EXTINCIÓN**, consulta las páginas 88 y 89.

DE CERCA...

EL BISONTE

Pariente lejano del toro, el bisonte o búfalo americano puebla las grandes llanuras de **Canadá**, **Estados Unidos** y **México**. Los ejemplares más corpulentos pueden alcanzar los **3 m de largo y los 1,80 m de altura**, y los **1400 kg** de peso. Tanto los machos como las hembras poseen unos pequeños cuernos curvados que utilizan para defenderse. Su esperanza de vida oscila entre los ***18*** y los ***22 años***.

Al igual que el resto de sus parientes rumiantes, el bisonte es **herbívoro** y se alimenta de hojas y plantas de tallo fino y blando. Suele vivir en grandes manadas y, como posee un temperamento muy impulsivo, no se puede criar en cautividad: cuando se pone nervioso, es capaz de iniciar una carrera en la que alcanza los **60 km/h** y en la que no es raro que le sigan todos sus compañeros. Estas carreras, conocidas como **ESTAMPIDAS**, además de espectaculares, pueden convertirse en un grave peligro para todos los animales que se pongan delante porque... ¡el bisonte es bastante miope!

Aunque durante el siglo XIX las grandes cacerías estuvieron a punto de acabar con la especie, en estos momentos se ha conseguido frenar el proceso de extinción e incluso se ha reintroducido con éxito en algunas zonas, como las del norte de México, en las que había desaparecido.

En invierno, el pelaje del bisonte es **negro** y, en verano, **castaño**.

El bisonte no sólo vive en América del Norte: en algunas regiones de **Europa del Este** aún quedan algunas poblaciones de bisontes autóctonos, menos corpulentos que los americanos.

SABÍAS QUE...

Los bisontes son **mamíferos** muy resistentes: utilizan su enorme cabeza para remover la nieve en busca de alimento y no temen a las tormentas.

EL ÁGUILA CALVA

Esta **ave** rapaz (se la llama así porque vive de la caza) de aspecto tan impresionante vive en toda **AMÉRICA DEL NORTE**. Como suele pasar con algunas especies animales, las diferencias entre sexos son notables. **Las hembras** son mucho más grandes: pesan unos **7 kg** y miden unos 2,5 m de envergadura (la distancia que hay entre las puntas de las dos alas extendidas), mientras que **los machos** apenas sobrepasan los **2 kg** y los 1,8 m, respectivamente.
Habita en bosques de pinos y abetos que se hallen cerca de ríos, lagos o incluso del mar. Suele vivir unos **20 años**.
Los ejemplares más jóvenes presentan un plumaje de color castaño oscuro. Poco antes de llegar a la madurez (a los dos o tres años), la cabeza y el cuello se vuelven de color blanco.
Forma parejas estables que sólo se rompen cuando uno de los dos miembros muere. Construyen **NIDOS** enormes: por lo general, miden 2,5 m de ancho y 4 m de profundidad, y **pesan hasta 1.000 kg**.
Verla pescar es todo un espectáculo, ya que es muy rápida. Aunque por lo general vuela a unos **70 km/h**, cuando se lanza en picado contra sus presas alcanza velocidades de hasta... ¡160 km/h!

El águila calva es una **GOURMET** muy exigente: a diferencia de otros parientes suyos se alimenta sobre todo de **PESCADO**, aunque cuando el hambre aprieta... no rechaza un buen bocado. Por eso se la considera un animal **OPORTUNISTA**.

La supervivencia del águila calva ha estado **AMENAZADA DURANTE MUCHOS AÑOS**. Por suerte, se ha conseguido resolver el problema y se espera que, dentro de un tiempo, se la considere fuera de peligro.

SABÍAS QUE...

El águila calva se ha convertido en el símbolo nacional de **Estados Unidos**: puedes verla —tan seria como ésta— en su escudo.

AMÉRICA DEL SUR

Proseguimos con nuestro viaje por el continente. A medida que nos acercamos al **trópico**, los paisajes cambian de nuevo: la vegetación es cada vez más frondosa y aparecen nuevas especies de animales, algunas muy curiosas, como el tapir, el manatí o el perezoso. Hiena conoce muy bien la región y nos ha prometido un montón de ¡experiencias inolvidables!

América del Sur cuenta con la selva más grande del mundo: la Amazonia. Mide más de **6 MILLONES DE KILÓMETROS CUADRADOS** y se extiende a lo largo de nueve países. Al ser la mayor zona de producción de oxígeno, se la considera el pulmón del planeta.

En nuestro viaje, llegamos hasta **la Patagonia**, una región situada en el extremo sur del continente. Es tan bella, que ni siquiera sus habitantes —como este guanaco (pariente de la llama)— pueden resistirse a sus encantos.

América del Sur posee una extensión de 17.819.100 km². El territorio se divide en tres zonas muy bien definidas: la cordillera de **LOS ANDES**, que la atraviesa de un extremo a otro, las llanuras del interior o **pampas**, y una gran masa continental ocupada por la enorme **selva** que cruza el río Amazonas.

Hay una gran **variedad de climas**, desde el húmedo y caluroso de las selvas subtropicales, al frío y seco de la cordillera andina, pasando por el templado de las pampas.

¿Sabías que en **AMÉRICA DEL SUR** se halla el 26 % de toda el agua dulce del planeta? Esto se debe en parte a que cuenta con TRES RIOS de gran extensión: el ORINOCO, el PARANÁ y el misterioso AMAZONAS, poblado por animales tan «simpáticos» como las pirañas.

LA ZONA TROPICAL

América del Sur es una región de **clima** mayoritariamente tropical, ya que la gran parte del continente se halla por encima del **TRÓPICO DE CAPRICORNIO**. En las regiones del norte, el clima es **húmedo** y **caluroso**, con enormes masas de vegetación en las que viven un gran número de especies animales, algunas tan curiosas como las que puedes ver a continuación.

El archipiélago de las **islas Galápagos**, situado frente a las costas de Ecuador, cuenta con una flora y una fauna únicas, que no puede encontrarse en otro lugar del mundo. En 1959 se declaró reserva natural y en 1978 la Unesco lo incluyó en su lista de **Patrimonio de la Humanidad**.

¿Sabías que el manatí no tiene ningún **DEPREDADOR**?

MANATÍ

Mamífero acuático que vive en las desembocaduras de los ríos que dan al mar Caribe. Mide unos **3 M DE LARGO**, y puede alcanzar los **600 KG DE PESO**. Su cuerpo está recubierto de una gruesa piel grisácea con tonos rosados y termina con una enorme cola en forma de **PALA**. Se alimenta de algas y plantas acuáticas, aunque de vez en cuando suele comer los peces que los pescadores devuelven al mar.

OSO HORMIGUERO

Este mamífero es uno de los habitantes más curiosos de las selvas tropicales americanas. Aunque no es demasiado grande (mide unos **130 CM DE LONGITUD** y **PESA** unos **40 KG**), es uno de los **DEPREDADORES** más temibles para… ¡las hormigas! Sus fuertes garras le permiten romper sus nidos y atraparlas con una **LARGUÍSIMA LENGUA**.

TAPIR

Habita en las selvas tropicales americanas y en el sureste asiático, así como en algunas regiones de la cordillera de los Andes. Su **TROMPA**, aunque es muy corta, le permite escarbar el suelo en busca de las hojas y raíces con las que se alimenta. Suele ser bastante grande: mide entre **1,8** y **2,5 M DE LARGO**, y entre **80 CM** y **1,5 M DE ALTO**, y llega a pesar unos **300 KG**.

PEREZOSO

Este **HERBÍVORO** que vive en las copas de los árboles de las selvas tropicales de América Central y del Sur es el mamífero **MÁS LENTO** del mundo: en el suelo, se mueve a... **¡2 METROS POR HORA!**

El perezoso hace honor a su nombre: no sólo se mueve lentamente, sino que tarda un mes en... **¡HACER LA DIGESTIÓN!**

TORTUGA DE LAS ISLAS GALÁPAGOS

En las islas Galápagos, situadas en el océano Pacífico, viven **LAS MAYORES TORTUGAS DEL MUNDO**: algunos ejemplares superan los 2 m de longitud y pesan más de **400 KG**.

Estas tortugas también son los **VERTEBRADOS MÁS LONGEVOS**: pueden vivir más de 100 años y algunos ejemplares criados en cautividad han llegado **¡HASTA LOS 170!**

MARMOSA

Este mamífero, del que existen muchas variedades, es el **MARSUPIAL** más extendido en el continente americano. Es muy pequeño: mide entre **9** y **19 CM DE LONGITUD** y pesa unos **100 G**. Viven en praderas y en los bosques de arbustos de la selva tropical, donde se alimentan de vegetales y pequeños animales, como insectos, peces o pequeños reptiles.

COLIBRÍ

Natural de los bosques de México, América Central y el norte de América del Sur, esta ave es la **MÁS PEQUEÑA DEL MUNDO**: mide entre **11** y **15 CM**, y pesa entre **6** y **8,5 G**. Su tamaño y su ligereza lo convierten en uno de los animales más rápidos de la naturaleza: puede batir sus alas unas **60 VECES POR SEGUNDO**. Se alimenta del néctar de las flores.

LA AMAZONIA

En la Amazonia, las **altas temperaturas** y **la humedad** hacen que las plantas crezcan con gran vigor y formen un bosque tupido que se mantiene verde durante todo el año.

En el norte del subcontinente americano se encuentra el mayor bosque tropical del mundo: **la Amazonia**, equivalente a doce veces el tamaño de España.

La selva se origina alrededor del río AMAZONAS, el río **MÁS LARGO** y caudaloso del mundo, con casi **6.800 km** de recorrido.

La Amazonia posee un gran valor medioambiental, pues alberga una enorme variedad de especies **ANIMALES** y *vegetales*, y produce un buen porcentaje del oxígeno que consumen los seres vivos del planeta.

ANACONDA

Emparentada con las **BOAS**, esta serpiente suele vivir en el Amazonas y otros ríos de América del Sur. Las hembras miden entre **4** y **8 M DE LONGITUD**, mientras que los machos son bastante más pequeños (no pasan de los **2,5 M**). Se alimenta de mamíferos de tamaño considerable, como el carpincho o el tapir, e incluso de otros depredadores tan temibles como el caimán.

COATÍ

Este pequeño **MAMÍFERO** es uno de los depredadores que mejor se ha adaptado a los diversos hábitats del continente, ya que se lo encuentra tanto en las **PRADERAS** como en las **SELVAS TROPICALES**. Los ejemplares adultos suelen medir unos **80 CM DE LONGITUD**. Se alimenta de frutos, insectos, huevos y pájaros.

Los guacamayos son **MUY INTELIGENTES** y **SOCIABLES**, tanto que muchos no soportan vivir en soledad y necesitan una pareja.

GUACAMAYO

Perteneciente a la familia de los **LOROS**, esta ave vive en los bosques y selvas de América Central y de América del Sur. Su tamaño medio oscila entre los **60** y los **80 CM**, según la especie. Sigue una dieta **OMNÍVORA**, compuesta de frutos e insectos.

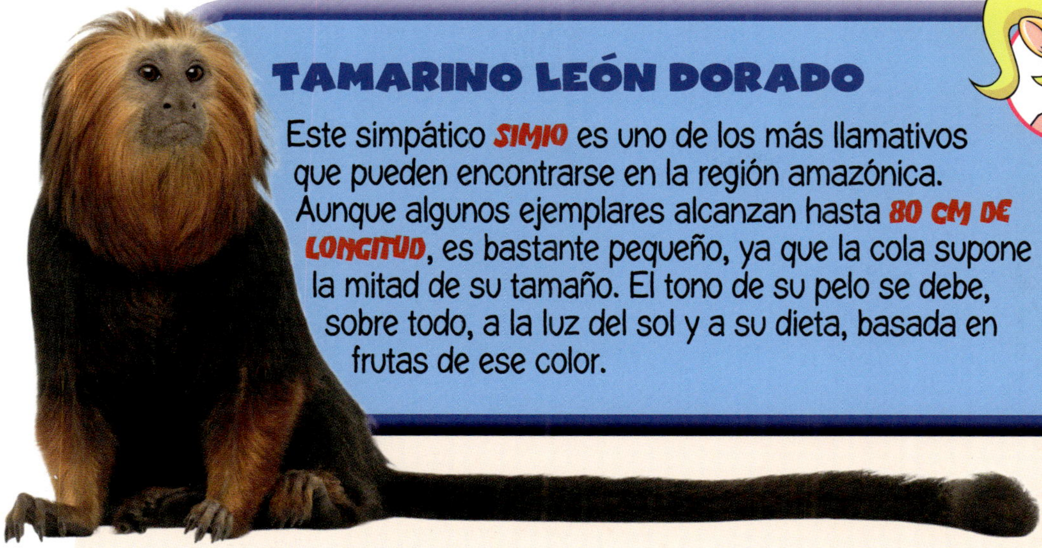

TAMARINO LEÓN DORADO

Este simpático **SIMIO** es uno de los más llamativos que pueden encontrarse en la región amazónica. Aunque algunos ejemplares alcanzan hasta **80 CM DE LONGITUD**, es bastante pequeño, ya que la cola supone la mitad de su tamaño. El tono de su pelo se debe, sobre todo, a la luz del sol y a su dieta, basada en frutas de ese color.

Esta variedad de tamarinos se halla en grave peligro de extinción. Se calcula que sólo existen unos **1.500 EJEMPLARES VIVOS** en las reservas de los bosques del este de Brasil.

CARPINCHO

También conocido como **CAPIBARA**, es el **ROEDOR DE MAYOR TAMAÑO** que se conoce: llega a medir 130 cm de largo y pesar 65 kg. Habita en las zonas más húmedas de la selva, cerca de ríos y lagos. Les gusta pasar el día metidos en el agua y en el barro, y esperan a la noche para salir en busca hierbas y otros vegetales.

TUCÁN

Célebre por sus **VIVOS COLORES**, algunas variedades llegan a medir hasta **60 CM**. El pico, con una especie de dientes de sierra, equivale a la tercera parte de su cuerpo. Se alimenta de frutos, insectos y pequeños reptiles.

El **PICO** del tucán es muy curioso: es extremadamente duro, pero muy ligero, casi esponjoso. Así no le impide volar y, además, **LE PERMITE REGULAR LA TEMPERATURA**.

PIRAÑA

Habitual en el Amazonas y el Orinoco, es uno de los peces **MÁS VORACES**, con unos dientes y unas mandíbulas fortísimas. Se mueve con mucha rapidez, siempre en busca de insectos o peces a los que devorar. Algunas variedades alcanzan hasta **40 CM DE LONGITUD**.

LA MONTAÑA Y LAS GRANDES LLANURAS

En la parte más alta de los Andes centrales existe una zona conocida como **altiplano** o **puna**, en la que conviven varios ambientes, desde el frío y seco del sur al húmedo del norte, con lagos tan impresionantes como éste, el Chungará (con el volcán Parinacota al fondo).

Una gran cadena de montañas cruza América del Sur de un extremo a otro: la cordillera de los **ANDES**. Con una altura media de 4.000 m, su cima más importante es el **Aconcagua**, de **6.980 m**, una de las mayores cumbres del mundo. El **clima** varía mucho según la zona y la altitud: en la falda de las montañas cercanas a la Amazonia, es **cálido** y **húmedo** y, más hacia el sur, **FRÍO** y **SECO**.

Entre Brasil, Uruguay y Argentina se extiende una enorme llanura conocida como **Pampa**. A pesar de que tiene un clima templado y húmedo, casi no crecen árboles: el suelo está cubierto de masas de hierba que, en algunos casos, alcanzan incluso **¡los 2 m de altura!**

ÑANDÚ

Pariente del avestruz africano y del emú australiano, el ñandú es un **AVE CORREDORA** incapaz de volar que vive en los llanos de Brasil, Bolivia, Paraguay, Uruguay y Argentina. Los machos **MIDEN 1,50 M** y pesan unos **35 KG**; las hembras son un poco más pequeñas. Se alimenta de semillas, granos, insectos y pequeños roedores.

LLAMA

Emparentada con los camellos y los dromedarios, este **RUMIANTE** es uno de los animales más característicos de la fauna andina. **MIDE 1,8 M** de altura y **PESA ENTRE 120** y **200 KG**. Suele vivir en manadas.

CÓNDOR

Esta ave carroñera es **UNA DE LAS MÁS GRANDES DEL PLANETA**: alcanza los 140 cm de altura y posee unas alas larguísimas (medidas de punta a punta, pueden superar los 3 metros).

Contemplar un cóndor en pleno vuelo **ES UN RETO PARA CUALQUIER AVENTURERO**, ya que vive en las montañas más altas de la cordillera de los Andes y las sierras del interior de Argentina.

SIRIRÍ

Este pato, llamado así por su **PECULIAR CANTO**, vive tanto en América del Sur como en África. Sin embargo, no es un gran viajero: le gusta vivir en lagos, ríos y humedales. Como muchas aves, es **OMNÍVORO**, pues se alimenta de plantas, semillas, insectos, moluscos y crustáceos.

La comadreja overa es un animal **OPORTUNISTA**, es decir, come lo que encuentra: lagartijas, arañas, cucarachas, hojas, frutas... **¡NO LE HACE ASCOS A NADA!**

COMADREJA OVERA

Este mamífero **MARSUPIAL** habita en las zonas más occidentales del subcontinente. Su tamaño (algunos ejemplares alcanzan **1 M DE LONGITUD**) y su dieta omnívora le han permitido adaptarse a una gran cantidad de hábitats.

ARMADILLO PELUDO

Este mamífero **ACORAZADO** habita en diversas zonas de Argentina, Bolivia, Chile y Paraguay. De unos **30 CM DE LARGO**, suele vivir solo, en madrigueras que excava en el suelo. Se alimenta de insectos, gusanos y otros animalillos que caza de noche.

La **CORAZA DEL ARMADILLO** está formada por un mosaico de pequeñas placas óseas recubiertas de piel.

CHINCHILLA

Típico del **ALTIPLANO ANDINO**, entre Perú y Bolivia, este pequeño mamífero (no suele superar los 25 cm de longitud) es **UNA DE LAS ESPECIES MÁS AMENAZADAS DEL CONTINENTE**. Viven en madrigueras que excavan en el suelo o bajo las rocas y son fundamentalmente herbívoras.

DE CERCA...

EL JAGUAR

Habitual en las selvas de **AMÉRICA CENTRAL** y **AMÉRICA DEL SUR**, este imponente animal carnívoro es el **felino más grande** de todo el continente americano y el tercero del mundo, después del tigre y el león. De unos **100 kg** de peso, **mide entre 230** y **250 cm** (75 cm corresponden a la cola).

A pesar de su tamaño, es muy ágil y puede **trepar a los árboles** con facilidad. En algunas ocasiones, suele pasar horas y horas subido a las ramas, a la espera de que pase alguna presa para cazarla.

El jaguar es **el rey** de la jungla americana… y de todo el continente: no teme a ningún animal y en pocas ocasiones huye. Tampoco tiene que esconderse de otros depredadores porque no tiene ninguno: se halla en la parte más alta de la cadena alimentaria. Por eso se lo considera un **superdepredador**.

Como el resto de grandes felinos —con la excepción del león, como verás más adelante—, es **solitario** y sólo busca compañía cuando llega el momento de la reproducción. En estado salvaje, vive unos 10 u 11 años, aunque en algunos zoológicos han llegado a alcanzar hasta los 20 años.

Cada vez hay menos ejemplares en el mundo. Si no logra solucionarse este problema, dentro de unos años el jaguar se convertirá en una **especie en peligro de extinción**.

El jaguar pertenece a la misma subfamilia que el león, el tigre y el leopardo: los **panterinos**.

SABÍAS QUE...

En América viven otros **felinos salvajes**, como el puma o el ocelote, pero no pertenecen a la misma familia que el jaguar.

El jaguar es un **CARNÍVORO** con todas las de la ley: sólo come carne. En su dieta, figuran más de 80 especies de animales distintas.

LA RANA DARDO

Los vivos colores de la piel de la rana dardo no sólo son bonitos: avisan a sus posibles depredadores de que se trata de un animal muy... **tóxico**.

Este **ANFIBIO** de aspecto tan atractivo es uno de los animales **más peligrosos** del planeta: posee un veneno mortal. Habita sobre todo en las selvas de **AMÉRICA DEL SUR**, entre las plantas, donde se alimenta de hormigas y otros insectos, como termitas, grillos y escarabajos.

La rana dardo es uno de los **VERTEBRADOS** más diminutos que se conocen: suele medir entre **4** y **6** cm. Vive de día y, aunque se la considera una especie **arborícola**, suele moverse por el suelo. Posee un carácter solitario. Los machos son muy celosos de su territorio y lo defienden de cualquier intruso produciendo un chillido muy agudo o bien lanzándose al ataque.

SABÍAS QUE...

El veneno de esta rana es tan potente que algunas tribus indígenas del amazonas lo utilizan para untar las **puntas de sus flechas**.

Cuando llega el momento de la reproducción, la hembra deposita los huevos entre la hierba y el macho se encarga de cuidarlos. Cuando nacen las crías, llamadas renacuajos, las carga una a una en su espalda y las traslada a una pequeña charca o algún lugar en que haya agua remansada. Aunque en estado salvaje es una especie muy peligrosa, si se cuida en cautividad pierde su veneno. Por desgracia, el hecho de que sea hoy en día una mascota de moda la ha convertido en una **especie amenazada**.

De momento se conocen **CINCO ESPECIES** de rana dardo pero quién sabe... Cada año se descubren nuevos insectos, peces, anfibios y demás animales en las selvas americanas.

EUROPA

Tras cruzar el océano Atlántico, llegamos al **continente europeo**. Comenzamos nuestra expedición por estas tierras en la zona **más occidental**. Al principio, discutimos un poco porque yo, que me había documentado muy bien, quería aterrizar en Islandia porque es la región que se halla más al oeste, pero Benjamín me decía que la fauna de allí era muy peculiar y que era mejor dirigirse hacia la península Ibérica. Al final, intervino Hiena para darme la razón a mí… y a mi querido sobrino: sí, Islandia está más al oeste que la península Ibérica, pero la fauna de esa isla tiene que ver más con el Ártico que con la propia **Europa**.

El **punto que está más** al norte se encuentra en Noruega. El que está más al sur, en Grecia. El que está más al este, en Rusia. Y el que está más al oeste en Islandia.

El ser humano ha transformado mucho el paisaje europeo. Por suerte, quedan muchos parajes de **gran belleza**, como los valles alpinos, situados entre Francia, Suiza, Alemania, Austria e Italia.

Europa es el segundo continente más pequeño del planeta en superficie. Posee una extensión de unos 11.000.000 km², pertenece a **Eurasia**, un supercontinente de casi 53.000.000 km² que ocupa el 10 % de la superficie terrestre. Posee **hábitats** y **climas** muy variados, desde el mediterráneo, al sur, con inviernos templados y veranos calurosos, hasta el gélido subártico, que se mantiene a 10 °C durante todo el año. Entre ambos extremos, se sitúan el **clima oceánico** (en las costas del Atlántico), el **continental** (en el centro de Europa) y el de **montaña**, en el que la temperatura disminuye 1 °C por cada 100 metros de altura.

Aunque en **EUROPA** hay cadenas montañosas tan importantes como los Alpes y los Urales, es el continente **MÁS LLANO** del planeta.

EUROPA OCCIDENTAL

Esta región comprende los territorios que se extienden desde la cordillera de los **ALPES** hacia el oeste hasta llegar a la **PENÍNSULA IBÉRICA** y las islas Británicas, y desde las costas del **MEDITERRÁNEO** hasta la llanura que conforma los **PAÍSES BAJOS**. A lo largo de su territorio se suceden tres tipos de hábitat: el LITORAL, concentrado en las costas mediterráneas y atlánticas; el **bosque**, habitual en las zonas interiores, donde predomina el clima continental; y el de **ALTA MONTAÑA**.

Los bosques de Europa Occidental, como este del **valle de Ordesa**, en Huesca, suelen ser menos frondosos que los del resto del continente.

MONO DE GIBRALTAR

Este simpático mono, que vive en las laderas del peñón de Gibraltar, en la península Ibérica, es el **ÚNICO SIMIO** que vive de manera natural en el continente europeo.

En la **PENÍNSULA IBÉRICA**, al estar «separada» del continente por los Pirineos, se han desarrollado muchas especies únicas, como el lince ibérico o el mono de Gibraltar.

LINCE

Este felino **CARNÍVORO**, de un metro de largo aproximadamente vive en los bosques europeos y asiáticos. Es solitario, aunque tolera la presencia de ejemplares del sexo opuesto.

ARDILLA ROJA

Habitual en los bosques de toda Europa y Asia, este **ROEDOR** de apenas 20 cm de largo (a los que debes sumar los 15 cm de la cola), se alimenta de frutos y semillas, y también de insectos y huevos de aves.

¿Sabías que la lamprea es nuestro antepasado común? Todos los vertebrados —incluidos tú y yo— descienden de animales muy parecidos a éstos que vivieron en los mares de hace **400 millones** de años.

LAMPREA

No es un pez ni tampoco una serpiente... Pertenece a un grupo de animales conocidos como **AGNATOS** que viven en el agua. Posee un cuerpo en forma de tubo, su piel no tiene escamas, su boca es redonda... ¡y se alimenta de **SANGRE**!

ZORRO

Emparentado con el perro y el lobo, este **CARNÍVORO** suele llevar una vida bastante solitaria en los bosques de Europa. Es bastante pequeño: su cuerpo mide entre 50 y 90 cm, y su cola, unos 50 cm.

LIEBRE EUROPEA

Gracias a sus patas traseras, este **MAMÍFERO HERBÍVORO** puede alcanzar velocidades de 50 a 70 km/h. Vive en madrigueras a poca profundidad y se reproduce con mucha rapidez, hasta el punto de que, **CADA MES**, ¡nacen nuevas crías!

ERIZO COMÚN

Este **MAMÍFERO** pequeñito y algo regordete (mide entre 15 y 30 cm de largo) vive en los bosques, donde se alimenta de todo lo que encuentra: insectos, hojas, frutos, etc. Aunque tiene **PINCHOS**, no está emparentado con el puercoespín.

EUROPA CENTRAL

Comprendida entre las cordilleras de los Alpes y los Balcanes por el sur, y por el mal Báltico al norte, esta región de **EUROPA** cuenta con cuatro hábitats bien diferenciados: las zonas de **ALTA MONTAÑA**, la **gran llanura** que se extiende hacia el este y que se adentra en Europa Oriental, los **bosques del interior**, dominados por el clima continental y los **bosques de la península Escandinava**, mucho más fríos y que bordean la región del Ártico. Los animales que viven en esta zona se han adaptado a un medio con mucha vegetación, suelen ser de pequeño tamaño (excepto en el caso del oso pardo) y, salvo en algunos casos, se han visto **amenazados** por la presencia del hombre.

La **Selva Negra**, en el suroeste de Alemania, es uno de los bosques más densos de Europa Central, poblada por zorros, gatos monteses y otros animales.

Los topos carecen de **oídos** y apenas pueden ver. Se guían por el tacto y poseen un hocico muy desarrollado con el que palpan todo lo que se les pone por delante.

TOPO

De tan sólo 20 cm de longitud, este **MAMÍFERO** vive en galerías que excava con sus patas, muy fuertes y dotadas de uñas durísimas. Se alimenta de lombrices y otros invertebrados y únicamente sale a la superficie para buscar hojas y ramas con las que construir una cama o nido en el interior de la madriguera.

ESCOLOPENDRA

Este **ARTRÓPODO ACORAZADO** es uno de los depredadores más fieros del continente. Su cuerpo se divide en 21, 22 o 23 partes, cada una equipada con un par de patas. Posee unos colmillos muy afilados con los que inocula un veneno que paraliza a sus víctimas.

GATO MONTÉS

Habitual en los bosques de todo el continente, este **FELINO** es el antepasado salvaje del gato doméstico, del que se distingue porque tiene un aspecto mucho más fuerte: las patas y el rabo son muy gruesos y la cabeza, más grande. Mide entre 75 y 100 cm de largo y se alimenta de aves y pequeños roedores, como ratones y conejos.

MURCIÉLAGO RABUDO

El murciélago es el único **MAMÍFERO VOLADOR**. Los ejemplares de esta especie miden hasta 65 cm de largo y forman grandes colonias. Duermen en cuevas y refugios naturales, aunque también puedes encontrarlos… ¡debajo de un puente!

Los murciélagos tienen una vista muy poco desarrollada. Cuando vuelan, utilizan un sistema parecido al radar: emiten un chillido y se guían por el **ECO** que se produce cuando choca con un obstáculo.

HALCÓN PEREGRINO

Esta ave **CARNÍVORA** es una de las más rápidas del mundo animal: puede volar a 100 km/h y, cuando se lanza en picado sobre una presa, alcanza hasta **¡LOS 300 KM/H!** Habita en las paredes rocosas de las montañas del interior o de los acantilados costeros, aunque cada vez es más frecuente ver sus nidos en algunos edificios urbanos.

Los osos pardos son **OMNÍVOROS** y siguen una dieta estacional: en primavera y otoño son prácticamente vegetarianos y en verano, carnívoros. Eso sí, ¡la miel es su alimento preferido!

OSO PARDO

De tamaño considerable (puede alcanzar los 3 m de longitud), este **MAMÍFERO** puebla muchos de los bosques del continente. Posee un oído y un olfato finísimos. Pasa el invierno durmiendo casi sin parar, en un estado que se conoce como **HIBERNACIÓN**.

NUTRIA

Aunque es un **MAMÍFERO** terrestre, pasa **CASI TODA SU VIDA EN EL AGUA**. Su pelaje está recubierto de una sustancia grasienta que lo hace impermeable y le permite deslizarse por el agua a gran velocidad. Es una excelente buceadora (¡aguanta hasta seis minutos debajo del agua sin respirar!) y se alimenta de peces, ranas y otros animalillos acuáticos.

EUROPA ORIENTAL

La región, que se extiende desde la cordillera de los Balcanes, al oeste, hasta los Urales, al este, comprende tres hábitats bien diferenciados: la enorme **llanura** que se extiende hasta Asia por el sur, muy calurosa en verano y con vegetación baja y pocas lluvias; una vasta extensión de **bosques**, que discurre hacia el norte, húmeda y fresca; y la **ZONA BOREAL**, una enorme región de llanuras muy frías a través de las cuales se llega al Círculo Polar Ártico.

Las regiones más septentrionales de Europa Oriental –como este paisaje situado al **norte de los Urales**– se hallan en una franja dominada por el clima subpolar o boreal.

JABALÍ

De la misma familia que el cerdo, aunque más pequeño (mide unos **120 CM DE LONGITUD** y pesa unos **100 KG**), habita en los bosques de todo el continente. Es bastante miope, pero posee un olfato muy fino y suele moverse de noche. Es un **OMNÍVORO** oportunista que se alimenta de todo cuanto halla a su paso.

MUFLÓN

Es un mamífero **HERBÍVORO** y suele vivir en parajes de alta montaña, en especial en zonas áridas y con mucha roca, por las que se mueve con gran facilidad en busca de plantas de las que alimentarse. Las hembras y las crías suelen formar manadas bastante numerosas, mientras que los machos prefieren mantenerse apartados y vivir solos.

Los machos adultos se diferencian de las hembras por su espléndida **CORNAMENTA**, que suele curvarse hacia atrás hasta formar un círculo casi completo.

TEJÓN

Este pequeño mamífero **OMNÍVORO** (mide unos 70 cm de largo) habita en los bosques bajos de montaña. Suele vivir en grupo, dentro de madrigueras que excava en el suelo y de las que sale tan sólo por la noche. Se distingue de sus primos americanos y asiáticos por las **DOS FRANJAS** de pelo negras que le atraviesan la cara de arriba abajo.

ÁGUILA IMPERIAL

De aspecto majestuoso, esta ave **CARNÍVORA** habita en los bosques y montañas de Europa Central y Oriental. Su plumaje es de color marrón en todo el cuerpo, salvo las patas, recubiertas de plumas de color blanco. No suele ser demasiado grande (mide unos 80 cm de longitud). Vive unos 20 años en estado salvaje y pasa toda su vida adulta en compañía de su pareja.

El águila imperial corre un **GRAVE PELIGRO DE EXTINCIÓN**. El hecho de que muchos bosques se hayan convertido en tierras de cultivo o zonas urbanizadas ha ocasionado su desaparición en muchos lugares de Europa.

ARMIÑO

A pesar de su aspecto, es uno de los animales **MÁS FEROCES** del mundo. Es un **CARNÍVORO** temible que devora todas las presas que puede. El pelo de los ejemplares que viven en regiones frías, donde nieva a menudo, cambia de color en otoño, pasando del pardo a un blanco deslumbrante.

PELÍCANO

Esta **AVE** mide unos 150 cm de longitud, aunque la distancia entre la punta de sus alas alcanza los 280 cm. Se alimenta de peces que captura en el agua y que guarda en la bolsa situada en la parte inferior del pico.

¡La bolsa es enorme! ¿Sabes que puede contener hasta **10 LITROS** de agua y que es tres veces más grande que su estómago?

ESTURIÓN

Este pez habita en aguas frías o templadas. Posee un **ESQUELETO CARTILAGINOSO** (es decir, sin huesos) que le permite moverse con gran rapidez. Algunas especies pueden alcanzar longitudes de hasta ¡tres metros!

DE CERCA...

EL LOBO

¡No te fíes de las apariencias! Aunque algunos lobos **parecen enormes**, muchas veces se debe a que tienen un pelo muy largo y erizado.

Los lobos pertenecen a la familia de los **CÁNIDOS**, de la que forman parte también los perros, los zorros, los coyotes, los dingos y los chacales. Habitan en una gran variedad de ambientes, como **bosques**, **praderas** o **montañas** de Europa, América del Norte y Asia.

Su tamaño varía bastante: los machos adultos miden de 60 a **90 cm de altura** y 1,3 a **2 m de longitud**, y pesan entre 30 y **70 kg**, aunque por lo general, suelen ser más grandes cuanto más frías son las temperaturas.

El lobo es un animal al que le gusta controlar su territorio. Sus **aullidos** le sirven para indicar dónde se encuentra y avisar a otros lobos… de que no deben acercarse. De hecho, un lobo no puede entrar en el territorio de otro si antes no se le ha invitado.

Vive en **parejas** o bien en **manadas** formadas por unos ocho ejemplares, aunque en algunos casos pueden alcanzar hasta los 20. Estas manadas, muy bien organizadas, están **dirigidas por un macho** y **una hembra** que se encargan de mantener el grupo unido.

Los lobos son estrictamente **CARNÍVOROS**: se alimentan de la carne de herbívoros de gran tamaño como ciervos, ovejas, cabras o alces, e incluso se atreven a cazar bisontes.

SABÍAS QUE...

Los lobos son muy valientes, pero **no temerarios**: si alguna posible presa se les enfrenta o se comporta de manera inesperada, prefieren abandonar la persecución y buscar otra que no les plantee problemas.

Hasta hace apenas 20 años, el lobo estaba amenazado en casi todo el mundo. Hoy en día, gracias a los esfuerzos de los gobiernos y de diversas organizaciones de defensa de la naturaleza, se ha conseguido reintroducirlos en lugares donde prácticamente había desaparecido. No obstante, todavía se lo considera una especie protegida.

EL CIERVO

Este mamífero rumiante forma parte de la familia de los **CÉRVIDOS**, junto con el alce, el reno, el caribú o el antílope. Habita en los bosques y praderas de todo el hemisferio norte.

Posee un tamaño considerable: los ejemplares adultos suelen medir entre 160 y **250 cm de longitud** y alcanzan hasta **200 kg de peso**. Los machos suelen ser algo más grandes que las hembras y presentan ciertos rasgos característicos, como su larga **cornamenta**, que suelen renovar cada año. Poseen un pelaje de color rojizo, salvo en el vientre y en el cuello, donde es blanco.

Las manadas de ciervos suelen estar formadas por **las hembras y sus crías**. Los cervatillos nacen a comienzos del verano y la madre suele amamantarlos durante los tres primeros meses de vida.

Como todos los rumiantes, los ciervos son **herbívoros**. Se alimentan en gran medida de hojas de arbustos y árboles bajos, aunque también suelen comer hierba.

Los machos prefieren andar en solitario o en grupos pequeños de dos, tres o cuatro ejemplares. Los ciervos suelen vivir unos **cinco o seis años** por término medio, aunque en algunos casos han llegado a alcanzar los 20.

Su vida está llena de amenazas, ya que deben huir continuamente de depredadores tan peligrosos como el oso, el lince o el lobo.

Durante los meses de otoño, los machos **luchan entre ellos** para conseguir el favor de las hembras.

SABÍAS QUE...

Las **cuernas** están recubiertas por una fina capa de piel que se desprende al llegar el otoño. En algunos casos, la piel no cae por completo y los ciervos se ven obligados a eliminarla frotando las cuernas contra las cortezas de los árboles.

ÁFRICA

Después de recorrer América para buscar animales tan peligrosos como el puma o el jaguar, y cruzar Europa tras las huellas del lobo, ¡Hiena quiso que visitáramos **ÁFRICA**! ¡Estaba llena de cocodrilos, leones, serpientes, gorilas…! ¡Y encima tuvimos que cruzar desiertos, atravesar junglas y surcar ríos como el Nilo! ¡Ay!

En nuestro viaje, remontamos el río Zambeze (el más largo de todos los que dan al océano Índico) hasta llegar a las **cataratas Victoria**, situadas en la frontera entre Zambia y Zimbabue.

Aunque me costó mucho convencer a Geronimo, al pasar por Tanzania subimos al **Kilimanjaro**, la montaña más famosa de África. Está formada por tres volcanes inactivos, llamados Shira (3.962 m), Mawenzi (5.159 m) y Uhuru (5.891 m).

África, con sus 30.272.922 km², es el **tercer continente** más grande **DEL MUNDO**. Cuenta con los mayores ríos del **planeta**: el Nilo, el Congo, el Niger y el Zambeze. En su territorio convive el mayor número de especies animales del mundo. Ello se debe en buena parte a la gran variedad de **climas**. En nuestro viaje, que hicimos de norte a sur, pasamos por zonas de clima **mediterráneo**, situadas en las costas septentrionales; **desértico**, habitual en la gran región del Sahara; **ecuatorial**, tórrido y húmedo, propio del centro del continente; y **templado**, ya en el sur.

Aunque al hablar de **ÁFRICA** todo el mundo piensa en el gran desierto del Sahara o las pirámides de Egipto, la mayor parte del continente está cubierta de bosques y extensas praderas llamadas **sabanas**.

ÁFRICA

EL DESIERTO

En el desierto del Sahara, la temperatura puede superar los 57 °C.

El continente africano cuenta con **cuatro** grandes **desiertos**: el del **Sahara**, situado en el norte, es el mayor del mundo; el de **Namib**, en la costa atlántica de Namibia; el de **Ogadén**, en el este de Etiopía; y el del **Kalahari**, en el sur, en un área que comprende territorios de Namibia, Botsuana y la República de Suráfrica. En todos ellos apenas llueve y, salvo en el del Kalahari, apenas hay vegetación. Los pocos animales que suelen vivir allí son de pequeñas dimensiones.

La **JOROBA** del dromedario, al igual que la de su primo el camello, alberga un depósito de grasa que les suministra el agua y el alimento necesarios durante las largas travesías en el desierto.

DROMEDARIO

Originario de la península Arábiga, este herbívoro **RUMIANTE** se ha extendido por todo el norte de África. De casi 2 m de altura y unos 500 kg de peso, vive en manadas de unos 20, que se trasladan de un sitio a otro en busca de agua y comida.

SURICATO

Es un pequeño **MAMÍFERO**, emparentado con la mangosta, que habita en las regiones más áridas del sur del continente. De carácter muy sociable, vive en madrigueras que comparte con otros animales. Se alimenta de insectos, arácnidos y pequeños reptiles.

ADDAX

Este **ANTÍLOPE** de 1 m de altura y unos **120 KG DE PESO** vive en terrenos desérticos y pedregosos, donde se alimenta de la vegetación. Permanece inactivo durante las horas más calurosas del día y sólo puede vérsele poco después del amanecer o antes de que caiga el sol.

Existen unas 1.400 especies de **ESCORPIONES** en todo el mundo. De hecho, viven en todos los continentes... ¡menos en la Antártida!

ESCORPIÓN NEGRO AFRICANO

Es un **ARÁCNIDO** y suele habitar en terrenos arenosos o rocosos. Lleva una vida solitaria y sólo busca compañía para reproducirse. Se alimenta de invertebrados como insectos o arañas, aunque también puede cazar roedores, serpientes o lagartos. Su veneno es **MORTAL** incluso para el ser humano.

CAMALEÓN

Aunque es uno de los **REPTILES** más lentos que se conocen, no es fácil verlo: su piel escamosa posee la capacidad de **CAMBIAR DE COLOR** para camuflarse con el entorno. Eso sí, no se le escapa nada: ¡puede mover los ojos en distintas direcciones y en un ángulo de 360°!

Resulta fácil verlo comer: el camaleón **LANZA SU LENGUA** como si fuera un proyectil, con una velocidad y distancia sorprendentes. Su punta pegajosa le permite atrapar insectos y otros animales pequeños.

ZORRO DEL DESIERTO

También conocido como fénec, este **CÁNIDO** —el más pequeño que existe— está perfectamente adaptado a las condiciones del desierto: sus enormes orejas, de hasta **15 CM DE LONGITUD**, le permiten captar toda clase de sonidos y, de paso, eliminar el exceso de calor corporal. Vive de noche y se alimenta de roedores, insectos, reptiles y aves.

LAGARTO MONITOR

Este **REPTIL** es un pariente del gigantesco dragón de Komodo (que veremos durante nuestro viaje por Asia). Se caracteriza por tener una cabeza pequeña, un cuello largo, un cuerpo y unas patas rechonchas, y una cola larga y fuerte. Su piel, muy gruesa, lo hace **INMUNE AL VENENO** de las serpientes. Se alimenta de escarabajos, roedores y otros reptiles.

BOSQUE Y MONTAÑA

La zona **tropical** del continente, situada en la franja ecuatorial, está cubierta por enormes bosques muy húmedos y **calurosos** en los que crecen árboles de grandes dimensiones. Como es típico en estas regiones, **no hay cambios estacionales**: las temperaturas se mantienen entre los 27 y los 30 °C a lo largo del año y llueve bastante. Entre la vegetación, vive una gran cantidad de seres vivos: insectos, reptiles, mamíferos, aves, etc., todos adaptados a los distintos ambientes que pueden encontrarse.

Los bosques y selvas africanas, como los de **Bwindi**, en Uganda, albergan más de la mitad de las especies que pueden encontrarse en todo el planeta.

A pesar de su aspecto tranquilo y bonachón, los hipopótamos son **ANIMALES TEMIBLES**, capaces de enfrentarse con un cocodrilo y más rápidos de lo que parecen (alcanzan los 50 km/h).

HIPOPÓTAMO

Este mamífero **HERBÍVORO** de gran tamaño (mide entre 3 y 5 m, y pesa hasta **1.500 KG**) vive en los ríos y lagos del África subsahariana, en grupos de 5 a 30. De hábitos nocturnos, pasa el día dentro del agua o del barro para aliviarse del calor. En estado salvaje, suelen vivir unos 40 años.

COCODRILO DEL NILO

Pese a su nombre, habita en los lagos y ríos de toda el **ÁFRICA SUBSAHARIANA** e incluso ha llegado a colonizar la cercana isla de Madagascar. Puede alcanzar los 5 m de longitud y los 250 kg de peso. Es un **TEMIBLE** depredador **CARNÍVORO** que acecha a sus presas sumergido. Cuando éstas se acercan a beber... ¡nada a toda velocidad y las captura con sus fuertes mandíbulas!

CHIMPANCÉ

Primo lejano del gorila y el ser humano, habita en las selvas y bosques tropicales africanos en colonias muy numerosas, algunas con más de 100 miembros. De tamaño considerable (entre 1 y **1,7 M DE ALTURA**), se alimenta sobre todo de frutas y hojas, aunque también suele cazar algún mamífero pequeño.

MANDRIL

Con sus 50 kg de peso y entre 75 y 95 cm de estatura, el mandril es el **MONO MÁS GRANDE DEL MUNDO**. Se lo reconoce fácilmente por los colores tan característicos del rostro, de un rojo y un azul muy vivo, sobre todo en los machos. Vive en grupos muy numerosos (algunos de hasta ¡250 miembros!) y se alimenta de insectos, frutas y animales pequeños. Su peor enemigo es el leopardo.

Sí, sí, has leído bien: es el mono más grande del mundo. Claro que el gorila y el orangután son mayores pero... no son monos, sino **SIMIOS**. Benjamín te explicará la diferencia en la página 58.

PITÓN AFRICANA

De unos 7 m de longitud y 110 kg de peso, es la serpiente más grande de África y **UNA DE LAS MAYORES DEL MUNDO** (la supera tan sólo la pitón de la India). Se alimenta de pequeños animales a los que atrapa enroscándose a su alrededor y asfixia con su abrazo mortal.

LÉMUR

Este **MAMÍFERO**, que tan sólo vive en estado salvaje en Madagascar, se ha adaptado a todos los ambientes de la isla. Aunque se alimenta mayoritariamente de frutas y brotes tiernos, también puede comer insectos y pequeños vertebrados. Forma grupos de unos quince miembros y se comunica con unos **CHILLIDOS** muy curiosos.

Los lémures son todo un **enigma**: los zoólogos todavía no saben cómo clasificarlos. En principio, se sabe que son mamíferos y primates (como los monos y el ser humano), pero poco más. A lo mejor, en el futuro, tú podrías resolver el misterio.

FOSA

Pese a su aspecto, este **MAMÍFERO** no tiene nada que ver con los cánidos ni con los felinos. De 80 cm de largo (más 90 cm de cola), es el **CARNÍVORO DE MAYORES DIMENSIONES** de la isla de Madagascar y, en consecuencia, el depredador dominante. Se mueve con mucha rapidez, trepa a los árboles con gran agilidad e incluso... ¡salta de uno a otro como si fuera una ardilla!

ÁFRICA

LA SABANA

La llanura del Serengueti, en **Tanzania**, con más de 20.000 km², es la mayor sabana de todo el continente africano.

Con este nombre se conoce a las **grandes llanuras** que se extienden por las regiones tropicales y subtropicales del continente. Está poblada por algunos de los animales **más grandes del planeta**. A causa de las altas temperaturas, hay dos estaciones: una *húmeda* y otra **seca**. La vegetación, compuesta por enormes pastos y algún que otro árbol, se ha adaptado al hecho de que llueva durante sólo una parte del año. Al inicio de la estación seca, la atraviesan grandes manadas de herbívoros que viajan de un lado a otro en busca de agua y comida. Es el momento ideal para que los grandes carnívoros salgan de caza.

Cuando una elefanta queda embarazada, su período de gestación es de **¡22 MESES!**

ELEFANTE AFRICANO

Con sus 7 m de longitud, sus 3,5 m de altura y sus casi 6.000 kg de peso, es el **MAMÍFERO** terrestre **MÁS GRANDE DEL PLANETA**. Se alimenta de hierbas, hojas y cortezas de árbol que recoge con su trompa. Al ser tan fuerte y grande, no tiene ningún depredador.

GUEPARDO

De gran tamaño (puede medir unos 2 m de la cabeza a la cola), es el animal **MÁS RÁPIDO DEL MUNDO**: cuando persigue a su presa, ¡es capaz de correr a unos 115 km/h! Suele cazar hacia el mediodía, cuando otros carnívoros duermen, para evitar que le roben la comida.

HIENA

Este **MAMÍFERO CARROÑERO** es uno de los depredadores **MÁS PELIGROSOS** de la sabana. Sus mandíbulas son tan fuertes que puede triturar hasta los huesos más duros. Cuando actúa en grupo, es un enemigo temible, capaz de enfrentarse a leones o guepardos para arrebatarles la pieza que acaban de abatir.

¡Ojo! ¡No confundáis a este animal con nuestro amigo Hiena! Si oís un ruido bastante desagradable, parecido a una risa nerviosa, no lo dudéis: **¡LAS HIENAS ACECHAN!**

RINOCERONTE

Tras el elefante, es el animal terrestre de **MAYORES DIMENSIONES**: alcanza los 4 m de longitud y los 1,8 m de altura. Su piel es muy dura, gruesa y resistente. Es muy miope, pero posee un olfato y un oído muy finos. Se alimenta de hojas, aunque también puede comer ramas y troncos tiernos. Pasa la mayor parte de su vida solo y únicamente busca compañía durante la época de reproducción.

El cuerno del rinoceronte no es de hueso, sino de la misma sustancia que forma los pelos y las uñas de todos los animales: la **QUERATINA**.

CEBRA

Pariente del caballo y el burro, este **HERBÍVORO** se ha convertido en la presa preferida de leones, guepardos y leopardos. Por suerte, posee una vista y un oído excelentes que le permiten huir de sus depredadores. Su pelaje de rayas negras y blancas le ayudan a esconderse entre la vegetación.

AVESTRUZ

Sus 2,5 m de altura lo convierten en el **AVE MÁS GRANDE DEL MUNDO**. Aunque no puede volar, no es precisamente un animal indefenso: posee una vista muy aguda, un pico fuerte y unas patas largas que le permiten correr a más de 90 km/h y defenderse de sus agresores. Se alimenta de granos y frutos.

La jirafa necesita tal cantidad de comida que... ¡pasa alrededor de **20 HORAS COMIENDO**!

JIRAFA

Su largo cuello, además de convertirla en el **ANIMAL TERRESTRE MÁS ALTO DEL MUNDO** (suele medir unos 6 m), le permite llegar a las copas de los árboles. Le encanta las hojas de acacia y bebe grandes cantidades de agua para resistir los meses más secos del año.

DE CERCA...

EL GORILA

Los gorilas son **primates** emparentados con los orangutanes y los chimpancés, con los que forma la familia de los **GRANDES SIMIOS**. Es un animal de grandes dimensiones: los machos suelen medir unos **1,75 m de altura** y pesar unos **180 kg**; las hembras, algo más pequeñas, no suelen pasar de los 1,60 m de altura y los 110 kg. Posee unos brazos larguísimos: cuando los abre en cruz, pueden abarcar ¡hasta 2,6 m! Con ese tamaño y ese peso, se comprende muy bien que viva en el suelo y no trepe por los árboles. De todos modos, no lo necesita: es tan **Fuerte** ¡que es capaz de derribar un árbol para comerse sus frutos!
Habita en las zonas boscosas de **ÁFRICA CENTRAL**, en grupos de 5 a 30 miembros dirigidos por un macho. Aunque poseen un cierto instinto territorial, suelen cambiar de emplazamiento cuando la comida escasea. Su vida es bastante apacible: al ser **herbívoro**, se pasa todo el día comiendo hojas, ramas y frutos. No tienen ningún depredador, pero su mayor amenaza son los **CAZADORES FURTIVOS**.

Se conocen dos especies distintas de gorila: la **ORIENTAL** y la **OCCIDENTAL**. Los gorilas orientales viven en los bosques de Guinea Ecuatorial, Gabón y la República del Congo y los occidentales, en los parques naturales de Uganda, Ruanda y la República Democrática del Congo. Ambas corren un **GRAVE PELIGRO DE EXTINCIÓN**.

SABÍAS QUE...

Aunque los monos son simios, los grandes simios no son monos. ¡Qué lío! ¿Y en qué se diferencian? **Los grandes simios carecen de cola** y están muy emparentados con el ser humano. **Los monos**, en cambio, **poseen cola**, son más pequeños y tienen un aspecto más primitivo.

Todos los grupos de gorilas cuentan con un **líder**, un macho de espalda plateada como éste, que vela por la seguridad de todos los miembros.

EL LEÓN

El león forma parte de un grupo muy selecto: el género de los **pantéridas**, al que también pertenecen el jaguar, el tigre, el leopardo y el leopardo de las nieves.

Aunque se lo conoce como el **rey de la selva**, este felino **CARNÍVORO** suele vivir en la sabana y los bosques bajos, lejos de la jungla, demasiado húmeda y tupida para su gusto. Posee un tamaño considerable: los machos suelen **medir** entre 1,7 y **2,5 m**, pesar unos **200 kg** y lucir una espléndida melena; las hembras, algo más pequeñas, no sobrepasan los 1,7 m de altura ni los 180 kg. A diferencia del resto de felinos, es el único que **vive en manadas**, constituidas por varias hembras, sus crías y un par de machos.

Las hembras pueden tener camadas de entre **tres** y **cinco cachorros**. Sólo los abandonan en el momento en que salen de caza, si bien quedan bajo la vigilancia de los machos. Las leonas tienen un gran sentido de la colaboración: además de criar juntas a los cachorros, ponen orden en la manada e incluso se organizan a la hora de perseguir a una presa.

A pesar de su enorme fortaleza, el león es un animal poco resistente. Su enorme cuerpo necesita una gran cantidad de energía y, cuando la comida escasea, debe permanecer mucho tiempo en reposo. No es raro ver cómo los miembros de una manada se pasan la mayor parte del día a la sombra, medio dormidos.

En los últimos años, la población mundial de leones se ha reducido mucho. En algunas **zonas de África** ha desaparecido el 30 % e incluso el **50 %** a causa de la **CAZA FURTIVA** y la destrucción del medio ambiente.

Aunque suele decirse que la leona caza y el león vigila, no siempre es así. El macho también sale de caza. Y no es extraño: ¡necesitan comer entre **5** y **7 KG DIARIOS DE CARNE** para mantenerse en forma!

SABÍAS QUE...

El león tiene un primo en la India: el **león asiático**. Aunque antiguamente vivía en toda el Asia Central, hoy tan sólo quedan unos **400 ejemplares**, todos reunidos en el **Parque Natural del Bosque de Gir**, en el este del país.

ASIA

Tras cruzar África de un extremo a otro, Hiena propuso otra de sus ocurrencias: regresar al Mediterráneo, a las costas de Turquía, ¡en globo! Desde allí emprenderíamos nuestro viaje por Asia. Teníamos por delante al **continente más extenso del planeta**, con casi ¡44.000.000 km²! ¡Sólo con ver tantos ceros, me mareaba! Por suerte, Hiena me tranquilizó: había preparado una ruta lo bastante extensa para visitar todos los hábitats y tomar fotos de los animales más representativos de cada lugar.

En nuestro viaje en globo, bordeamos el litoral africano del **ÍNDICO**, el tercer océano más extenso del planeta. Sus aguas bañan las costas de África del Este, el **SUR DE ASIA** y Oceanía.

En la cordillera del Himalaya, se encuentra el **monte Everest**, cuya cima es el punto más elevado de la Tierra (8.844 m).

En **Asia**, **todo es grande**: por el norte discurre una **extensa llanura** que cruza todo el continente; en el centro, se elevan las **enormes mesetas** de Irán, Pamir, Tíbet y Mongolia, así como las **GIGANTESCAS CORDILLERAS** de los montes Zagros, Karakórum e Himalaya; y en el sur, en la India, se halla la gran meseta de Decán, que da paso a su vez a la enorme planicie Indochina. Tuvimos que atravesar praderas, subir montañas, abrirnos paso en la jungla y cruzar ríos tan caudalosos como el Obi, el Éufrates, el Indo, el Ganges y el Yangtsé, pero **¡VALIÓ LA PENA!**

En nuestro viaje por Asia, recorrimos el **DESIERTO DE GOBI**, uno de los mayores de la Tierra. Se halla situado entre el norte de China y el sur de Mongolia. Su clima es extremo. En 24 horas, puede haber cambios de temperatura de **¡hasta 40 °C!**

DESIERTO, LLANURAS Y ZONAS MONTAÑOSAS

Asia es un continente muy diverso en el que puede encontrarse toda clase de hábitats. En la zona central, abundan las grandes llanuras, conocidas como **estepas**, y los **desiertos**. Las estepas son territorios llanos cubiertos de hierba, sin árboles y en los que apenas llueve. Los inviernos son muy fríos y los veranos, tórridos. No suelen vivir demasiadas especies animales y, en su mayoría, suelen ser herbívoras y de pequeño tamaño. Los desiertos son muy fríos y pedregosos, como el del Tíbet, si bien hay algunos con grandes extensiones de arena, como el de Taklamakán, en China.

Los desiertos de **Asia Central**, a diferencia de los que pueda haber en África, América u Oceanía, suelen ser **rocosos**.

¡Ojo! No confundas al camello con el dromedario. Como puedes ver, el camello **¡tiene dos jorobas!** Además, los machos cuentan con un enorme saco en la parte inferior del cuello llamado **doula**.

CAMELLO

Emparentado con el dromedario, la llama y el guanaco, este **RUMIANTE** vive en las regiones secas y desérticas de toda Asia. Se alimenta de hierbas y hojas. Un ejemplar adulto puede medir hasta **2,15 M DE ALTURA** (la joroba sobresale unos 75 cm). Vive unos 40 o **50 AÑOS** y es bastante veloz: por lo general, puede correr a unos 40 km/h, aunque en distancias cortas puede alcanzar los 65 km/h.

ARGALI

Habitual en las montañas del centro de Asia, esta especie de **MUFLÓN ASIÁTICO** de gran tamaño (mide entre 120 y 135 cm, y pesa de 120 a 130 kg) se caracteriza sobre todo por **SUS CUERNOS**, grandes y fuertes, que se enroscan a ambos lados de la cabeza. Se alimenta de pastos y vive en grandes manadas.

LEOPARDO DE LAS NIEVES

Quizá sea el animal **MÁS MISTERIOSO** de todo el continente: se sabe que vive en Asia Central, en lugares muy apartados y, a veces, situados a ¡casi 6.000 m de altitud! Los pocos ejemplares avistados poseen un pelo gris y denso, y una cola muy larga con la que se abriga enrollándola alrededor del cuerpo. Es un felino **CARNÍVORO** muy voraz: ataca a todo tipo de animales salvajes. Se cree que quedan unos 5.000 ejemplares.

La situación del caballo salvaje mongol es muy complicada. Estuvo a punto de desaparecer a mediados del siglo pasado. Hoy **SÓLO QUEDAN 1.000 EJEMPLARES** que viven en el **PARQUE NACIONAL DE HUSTAI**, en Mongolia.

CABALLO SALVAJE MONGOL

Aunque está emparentado con el caballo doméstico, posee ciertos rasgos que lo diferencian. Su cabeza, por ejemplo, tiene una forma distinta, con un morro redondeado, y el cuerpo es más pequeño, con las patas cortas. Es el descendiente directo de los **ANTIGUOS CABALLOS SALVAJES** que poblaron toda Eurasia en la Prehistoria.

ÍBICE SIBERIANO

Esta especie de **CABRA SALVAJE** vive en las montañas de Asia Central. Las hembras forman manadas de unos 20 o 30 miembros. Los machos, muy agresivos, llevan una vida solitaria y sólo se reúnen con las hembras durante los meses de otoño e invierno. Se alimenta de todo tipo de vegetación, en especial de hierba, y es capaz de encaramarse en los lugares más insospechados y saltar de una peña a otra con gran seguridad.

YAK

Este **BÓVIDO LANUDO** (se le llama así por estar emparentado con las vacas y tener el pelo muy largo) habita en las estepas y las montañas del Tíbet y las cordilleras del Pamir y del Karakórum. Aunque se lo ha domesticado, muchos ejemplares viven en estado salvaje. Puede alcanzar los 2 m de altura y suele pesar unos **1.000 KG**.

PANDA ROJO

A pesar de su nombre, no tiene mucho que ver con los osos. Es un **MAMÍFERO** de tamaño bastante pequeño (mide entre 30 y 60 cm) que vive en los bosques de la montaña del Himalaya, así como en el sur de China, la India, Laos, Nepal y Camboya. Se alimenta sobre todo de bambú, aunque también puede comer huevos, pájaros, insectos y mamíferos pequeños.

BOSQUE Y REGIONES DEL INTERIOR

En las faldas de las grandes cordilleras, como las del Himalaya, el Pamir o el Karakórum, se extienden inmensos **bosques de vegetación muy densa**, muy húmedos y en los que se alternan los inviernos frescos con los veranos cálidos. En algunas regiones, incluso se dan las condiciones propias del **clima tropical**. Este contraste entre las zonas de montaña y los valles se debe al **MONZÓN**, un viento procedente del océano Índico que sopla desde el sur hacia el norte en verano y en invierno. Durante esas épocas, las regiones quedan anegadas por una abundante lluvia que ocasiona un descenso de las temperaturas y produce enormes inundaciones.

Los bosques de los valles que bordean las grandes cordilleras de Asia Central se **hallan amenazados** por la extensión de los terrenos de cultivo.

A pesar de ser más pequeño que el elefante africano, sigue siendo el **MAMÍFERO MÁS GRANDE DE TODA ASIA**.

ELEFANTE ASIÁTICO

Aunque muy parecido a su pariente africano, el elefante asiático posee ciertos rasgos que lo distinguen: es bastante más **PEQUEÑO** (mide entre 2 m y **3,5 M DE ALTURA**), tiene una cabeza abombada, las orejas son cortas y redondeadas, la espalda está arqueada y el rabo es bastante largo. Habita en los bosques del sur y el noreste de la India, Bangladesh, Sri Lanka, la región de Indochina y algunas islas de Indonesia.

CUÓN

Pariente lejano del coyote, este cánido de tamaño mediano (mide 90 cm de largo, pero la mitad corresponde a la cola) posee un cuerpo robusto, con patas cortas, recubierto de un pelaje rojizo, y una cabeza pequeña, con orejas redondeadas. Vive en manadas y es **MUY FIERO**: ni siquiera teme a los tigres.

GRULLA DE CRESTA ROJA

Conocida también como **GRULLA DE MANCHURIA**, constituye una de las especies de grulla más altas (alcanza los 158 cm). Habita en las praderas y los valles, cerca de áreas pantanosas. Camina de una manera muy curiosa: lentamente, dando grandes zancadas y mirando siempre alrededor, muy atenta por si aparece un depredador. Aunque vive en grandes bandadas, forma parejas que viven juntas **DURANTE TODA LA VIDA**.

Su dieta es muy variada: semillas, yemas, hojas... y también insectos, ranas e incluso... **¡RATONES!**

Antiguamente vivía en los bosques de Asia Oriental. Hoy en día, sólo se han avistado ejemplares salvajes en la **REGIÓN DE SHAANXI**, en China, si bien algunos países de la zona, como Japón, han comenzado a criarse en cautividad para devolverlos a sus antiguos hábitats.

IBIS NIPÓN

Este pariente lejano del pelícano es una de las aves más difíciles de ver: **EXISTEN MUY POCOS EJEMPLARES**. Se alimenta de peces, ranas, insectos y pequeños roedores. Suele medir unos 75 cm de altura.

GAUR

Este pariente lejano de las vacas es el **BÓVIDO MÁS GRANDE DEL PLANETA**: mide más de 2 m de altura y más de 3 m de longitud. Las hembras forman manadas con sus crías y los machos llevan una vida en solitario. Habita en las selvas de India, Nepal e Indochina.

FAISÁN DORADO

Originario de China y Birmania, habita en praderas y bosques bajos. Al igual que otros parientes suyos, como el gallo y el pavo, es un ave de patas y pico fuerte, de cuerpo robusto y poco voladora. El macho posee **UNO DE LOS PLUMAJES MÁS VISTOSOS DEL REINO ANIMAL**. Se alimenta de insectos, granos, hojas y pétalos de flores.

MACACO DE JAPÓN

Habita en los bosques y montañas de las islas japonesas. De hecho, es el **ÚNICO MONO NATIVO DE JAPÓN** y el primate, junto con el hombre, que vive en latitudes tan septentrionales. Su cuerpo, de casi 1 m de altura, se ha adaptado muy bien al frío y resiste temperaturas de hasta –15 ºC. Forma manadas de hasta 200 miembros y sigue una dieta **OMNÍVORA**.

Las abundantes lluvias y las altas temperaturas convierten a las selvas tropicales, como esta de **Malasia**, en auténticos hervideros de vida.

ZONA TROPICAL

Situada entre los trópicos de **Cáncer** y de **Capricornio**, esta zona se extiende por diversas regiones de la India, Indochina, China, Malasia e Indonesia. En su mayor parte, está cubierta por espesos bosques formados por vegetales de hoja ancha, que pueden alcanzar hasta 30 m de altura. El **clima** es caluroso, aunque sin temperaturas extremas, y muy húmedo. A diferencia de otros hábitats, en las selvas tropicales las especies animales y vegetales se organizan según la altitud en la que viven y no por áreas.

BÚFALO DE AGUA

Con casi 1,8 m de altura, este **BÓVIDO** es uno de los **MÁS GRANDES DEL CONTINENTE**. Se caracteriza por tener la piel desnuda o cubierta con un pelo muy corto, así como por sus dos enormes cuernos, planos y vueltos hacia atrás. Suele vivir en las zonas pantanosas de los bosques tropicales, donde pasa la mayor parte del tiempo sumergido en el agua. Aunque en cautividad es bastante dócil, los ejemplares salvajes suelen ser muy agresivos.

Su nombre proviene de una expresión malaya que significa **«HOMBRE DE LA SELVA»**. Y es bastante veraz, ya que el orangután es un simio muy cercano al ser humano.

ORANGUTÁN

Con su vistoso pelo rojizo y sus larguísimos brazos, este **PRIMATE** posee un aspecto inconfundible. Erguido, puede alcanzar los 2 m y, con los brazos extendidos, abarca una distancia de... **¡3 M!** Habita en los bosques de Malasia e Indonesia. A diferencia del resto de grandes simios, lleva una vida solitaria y pasa la mayor parte del tiempo encaramado a los árboles.

PAVO REAL DE LA INDIA

Los machos poseen un plumaje muy colorido, con un larguísimo penacho —en algunos ejemplares, llega a medir **¡2 M DE LONGITUD!**— que despliegan en forma de abanico. Las hembras, más pequeñas, poseen un plumaje de color pardo. Aunque se lo ha domesticado desde la Antigüedad, aún existen ejemplares silvestres que viven en las zonas más bajas de los bosques.

Si algún día te cruzas con **UNA COBRA**, procura no molestarla. Si ves que se yergue y abre su capucha (esas aletas que tiene a ambos lados de la cabeza), **¡BUSCA UNA MANGOSTA!**

COBRA

Su aspecto es **ESCALOFRIANTE** y **SU VENENO ES MORTAL**. Vive en las junglas y bosques del sur de Asia, así como en algunas zonas de África. Aunque suele medir unos 2 m, algunas especies, como la cobra real de Birmania alcanzan ¡los 5 m!

MANGOSTA ÍNDICA

Emparentada con el suricato, este **MAMÍFERO CARNÍVORO** habita en el sur y el sureste de Asia. Posee un cuerpo esbelto, con unas extremidades cortas y robustas, y un morro afilado. Suele ser bastante solitaria y se alimenta de insectos, ranas, cangrejos... y animales tan peligrosos como las arañas, los escorpiones y las serpientes. No en vano, **ES EL PEOR ENEMIGO DE LAS COBRAS**.

DRAGÓN DE KOMODO

Su imagen impresiona y no es para menos: **ES EL LAGARTO MÁS GRANDE DEL MUNDO**. Mide 2 o 3 m de largo y pesa unos 70 kg. No hay animal que pueda con él, por lo que se convierte en el mayor depredador de los hábitats en los que vive. Por lo general, lleva una vida solitaria y se alimenta de carroña, aunque también devora aves, invertebrados y pequeños mamíferos.

OSO MALAYO

Habitual en los bosques tropicales del sureste Asiático, es un oso muy peculiar. **ES EL MÁS PEQUEÑO DEL MUNDO**: mide sólo 1,2 m y pesa entre 30 y 60 kg. Además, suele vivir en los árboles e incluso... **¡CONSTRUYE NIDOS!** Posee un aspecto muy llamativo, con un cuerpo alargado, unas orejas y una cola pequeña, y un pelaje negro con una mancha anaranjada en la cara y en el pecho.

DE CERCA...

EL TIGRE DE BENGALA

Considerado **el rey de la jungla**, su especie es la más numerosa: casi la mitad de todos los tigres del mundo son de Bengala. Además, es el **felino de mayor tamaño**. Los machos miden entre 2,7 y 3 m de longitud y 90 y 110 m de altura, y pesan unos 200 kg. Las hembras son algo más pequeñas y ligeras. Es un feroz **carnívoro** que se alimenta de toda clase de animales, desde los pequeños pavos reales hasta los enormes búfalos. Suele moverse de noche y posee una gran tenacidad. En algunas ocasiones, sigue a su **PRESA** durante varios kilómetros antes de darle caza. Lleva una vida muy solitaria y raras veces tolera que se acerque algún otro tigre, y menos si es del mismo sexo. De hecho, los machos y las hembras se reúnen sólo durante la época de reproducción. Tras el apareamiento, las hembras embarazadas se quedan dentro del territorio del macho, que se encargará de alimentarlas y protegerlas. Los cachorros nacen al cabo de unos **100 días** y quedan al cuidado de sus madres. Actualmente se encuentra en **peligro de extinción** y su presencia se ha reducido a los parques naturales de Nepal, la India y Bangladesh.

Los cachorros quedan al cuidado de sus madres. A los **18 MESES** ya pueden cazar y, cuando cumplen dos años, los machos abandonan el grupo para buscarse su propio territorio.

SABÍAS QUE...

Cada tigre tiene un **pelaje distinto**: no hay dos ejemplares con el mismo dibujo.

Aunque el pelaje de los tigres suele ser naranja, existen algunos ejemplares albinos: los llamados **tigres blancos**. Su color no se debe al hecho de que pertenezcan a una especie o una variedad distintas, sino a una mutación genética.

EL OSO PANDA

Originario de China, el panda es quizá el oso más especial de todos. Hasta hace muy poco, los zoólogos no sabían cómo clasificarlo. A pesar de su aspecto, el hecho de que su dieta sea **herbívora** lo hace muy distinto del resto de osos de su familia, los úrsidos, ya que todos son esencialmente carnívoros. Sin embargo, los últimos estudios han confirmado que su genética es muy similar a la de sus parientes, por lo que habrá que considerarlo un oso… ¡excepcional!
Existen **dos subespecies** de oso panda: el **gigante**, o **de Sichuan**, y el **Qinling** (se los denomina así porque cada una se encuentra sólo en esas regiones chinas). Los primeros, pese a su nombre, son bastante pequeños en comparación con otros osos: miden entre 1,2 y 1,5 m de longitud y unos 75 cm de altura, mientras que los pandas de Qinling son aún más bajos y no superan los 1,2 m de longitud y los 60 cm de altura. Existen, además del tamaño, otros elementos que pueden distinguirlos, como la forma de la cabeza, si bien la manera más sencilla de diferenciarlos consiste en observar su pelaje: los pandas de Sichuan son **BLANCOS** y **NEGROS**, y los de Qinling, **MARRÓN CLARO** y **MARRÓN OSCURO**.
Ambas subespecies habitan en los bosques de bambú del interior de China, donde llevan una vida bastante solitaria. Son animales diurnos que dedican la mayor parte del día a alimentarse (lo hacen durante unas 14 horas) y dormir. Aunque casi no tiene depredadores, la desaparición de los bosques de bambú lo ha colocado al **borde de la extinción**.

El panda se alimenta casi exclusivamente de bambú. Posee unas mandíbulas y unos dientes capaces de triturar hasta los tallos más fuertes. No es para menos: ¡necesita ingerir casi **40 kg de comida al día**!

Aunque el panda es un buen trepador, raras veces se lo ve **ENCARAMADO A UN ÁRBOL**.

SABÍAS QUE…

Los osos panda son una fuente de sorpresas: sus pupilas son muy similares a las que tienen los gatos (por eso en chino se los llama *xiongmao* «osos gato») y sus garras tienen **¡seis dedos!**

OCEANÍA

Después de seguir a Hiena por las selvas de Indonesia, nuestro intrépido explorador nos dio una sorpresa: ¡habíamos llegado a Oceanía! «¿Cómo? —preguntamos todos asombrados—. ¡Pero si no hemos tomado ningún barco ni avión!» Benjamín, que se ocupaba de la información geográfica, nos explicó que, al partir en lancha desde las islas Célebes hacia las selvas de Papúa, en Nueva Guinea… ¡habíamos llegado a Oceanía! ¡Y sin salir de Indonesia!

A diferencia de otras islas del mundo, muchas de las que componen los archipiélagos no están formadas de roca, sino de **CORAL** que, por si no lo sabías, también es un animal. (Por cierto, nos costó mucho que Geronimo se metiera en el agua y luego… ¡no quería salir!)

Oceanía cuenta con algunos de los rincones más bellos del mundo, como **las islas de la Sociedad**, en la Polinesia Francesa.

Oceanía, además de ser el continente **más pequeño del planeta** (con sólo 9.008.458 km²) es el único que está formado íntegramente por islas: **Australia**, **Nueva Guinea**, **Nueva Zelanda** y los archipiélagos de **Melanesia**, **Micronesia** y **Polinesia**, casi todas situadas en el océano Pacífico. Sus límites quedan marcados por la isla de Hawái, al norte; la isla australiana de Macquaire, al sur; las chilenas de Sala y Gómez, al este; y la australiana de Dirk Hartog, al oeste.

Además de las islas principales, hay que contar otras **¡25.000 más!** ¡Se necesitarían varias vidas para visitarlas todas!

EL DESIERTO AUSTRALIANO

Australia es, en su mayor parte, una isla árida. Salvo el extremo suroccidental y la franja que recorre el norte y el este, el resto del territorio está formado por grandes llanuras de tierra seca que dan lugar a **varios desiertos**, entre los que destaca el Gran Desierto de Victoria, una región de 700 km de anchura y una superficie de unos 420.000 km^2. En su mayor parte, son regiones muy hostiles, en las que apenas hay vida. Aunque suelen estar formados por arenas de color rojizo, hay algunos, como el de **GIBSON**, en el que **abundan las rocas** y donde sólo se atreven a vivir algunas especies animales, como el canguro rojo.

El desierto australiano está constituido por enormes planicies de tierra rojiza muy seca en las que se erigen formaciones de roca de aspecto muy llamativo, como ésta de **Rainbow Valley**.

GECO DE COLA DE HOJA

De hábitos nocturnos, este lagarto suele vivir en el este de Australia. Pese a su aspecto, es poco peligroso: mide entre 15 y 21 cm, y se alimenta de insectos. Su piel suele ser de color marrón, con manchas oscuras, y en el caso de verse atacado, **PUEDE DESPRENDERSE DE SU COLA** para despistar a sus perseguidores.

CUOL

De un tamaño similar a un gato doméstico, este **CARNÍVORO** habita en las regiones más áridas de Australia y Nueva Guinea, aunque también se lo encuentra en el bosque bajo e incluso en las periferias de las ciudades. Suele vivir solo, en nidos que construye dentro de troncos o entre las rocas. Caza de noche y es **EXTREMADAMENTE AGRESIVO**. Se alimenta de ratas, conejos, aves y reptiles.

DINGO

Perteneciente a la familia de los **CÁNIDOS**, posee características tanto de los lobos como de los perros. Los ejemplares adultos suelen medir entre 50 a 58 cm y **PESAR UNOS 30 KG**. Aunque suele vagar en solitario, se reúne de vez en cuando en manadas, sobre todo cuando es preciso cazar una presa de grandes dimensiones, como un canguro.

CANGURO

Sin duda, se trata del **MARSUPIAL** más conocido. Es bastante grande y robusto: mide 1,6 m de longitud sin contar la cola (que puede llegar a los 120 cm) y alcanza los 90 kg de peso. Se alimenta de hierba y hojas de árboles y arbustos.
Sus patas traseras, tremendamente fuertes, le permiten dar saltos de **¡HASTA 3 M DE ALTO Y 10 M DE DISTANCIA!**

POTORÚ

También llamado **CANGURO RATA**, llama la atención por su forma redondeada, su largo morro y sus fuertes patas, que le permiten **DESPLAZARSE DANDO SALTOS**. Vive de noche, mide unos 60 cm de longitud, desde la punta de la nariz hasta el rabo, y se alimenta de semillas, flores, hojas e insectos.

El potorú es el animal **MÁS AMENAZADO DE TODA AUSTRALIA**. De algunas especies, como el potorú de Gilbert, tan sólo quedan unos 40 ejemplares en estado salvaje.

SERPIENTE NEGRA DE VIENTRE ROJO

En Australia viven nueve de las diez especies de serpientes **MÁS PELIGROSAS DE NUESTRO PLANETA**. ¡Por suerte, ésta es la menos venenosa de todas! Vive en las zonas limítrofes con los desiertos del este de la isla. Por lo general, mide 1,4 m de largo y se alimenta de presas pequeñas, como ranas, lagartos o ratones.

Cuando se siente amenazado o desea cortejar a una hembra, el clamidosaurio despliega ese **SORPRENDENTE COLLAR**, formado por la piel de la nuca y unas larguísimas espinas.

CLAMIDOSAURIO

De unos 80 cm de largo, este **REPTIL CARNÍVORO** es uno de los **MÁS ESPECTACULARES DEL CONTINENTE**. Posee una vista tan desarrollada que puede detectar incluso a los insectos más pequeños desde lejos. Se adapta muy bien a todos los ambientes de la isla, por lo que no es raro verlo en el desierto o en las ramas de algún árbol, acechando a una de sus presas.

EL BOSQUE Y LA MONTAÑA AUSTRALIANOS

Si bien la mayor parte del territorio de Australia está cubierta por los desiertos, existen otros ambientes, como la región tropical del norte, en la que abundan las selvas, o las zonas templadas del sureste y el suroeste. Al igual que en el resto de la isla, **la fauna es única en el mundo**. Se calcula que el 83 % de los mamíferos, el 89 % de los reptiles, el 90 % de los peces e insectos, y el 93 % de los anfibios pertenecen a especies que **no se encuentran en otro lugar del planeta**. De hecho, la mayor parte de los mamíferos originarios son marsupiales, como el kanguro, el koala, el diablo de Tasmania, el pósum y el wombat.

Australia es un país de contrastes: de la tierra árida y rojiza del centro, se pasa a la frondosidad de los bosques del este, como este del **Parque Nacional de Springbrook**, en Queensland.

ORNITORRINCO

Junto con el equidna, tal vez sea **UNO DE LOS MAMÍFEROS MÁS INCLASIFICABLES** del reino animal. Posee un aspecto muy peculiar, con un hocico parecido al pico de un pato, unas patas que recuerdan a las de una nutria y una cola ¡como la del castor! De hábitos nocturnos, pasa la mayor parte del día en el agua, buscando gusanos, larvas de insectos y cangrejos de río con los que alimentarse.

EQUIDNA

Aunque a primera vista nos recuerde a un erizo, este **MAMÍFERO** es completamente distinto. De tamaño mediano (mide entre 35 y 50 cm y pesa entre 2 y 7 kg), posee un cuerpo robusto y compacto, recubierto de largas y duras espinas. Su **BOCA EN FORMA DE TUBO**, es muy parecida a la del oso hormiguero. Se alimenta de toda clase de artrópodos.

EMÚ

Al igual que sus parientes, el avestruz y el ñandú, esta enorme ave de casi 2 m de altura se mueve a gran velocidad (algunos ejemplares sobrepasan **LOS 50 KM/H**). Posee un plumaje de color grisáceo, con plumas de color azul pálido en la garganta. Es **OMNÍVORO** y suele vivir en pareja o bien en grupos de tres o cinco ejemplares.

Adivina, adivinanza... ¿Qué tienen en común estos tres animales? ¿El pico? Nooo. ¿Las plumas? Tampoco. Su rasgo en común es... **¡QUE LOS TRES SON OVÍPAROS!**

DIABLO DE TASMANIA

Con sus 90 cm de longitud, es el **MARSUPIAL CARNÍVORO MÁS GRANDE DEL PLANETA** y uno de los depredadores **MÁS FEROCES** que se conocen. Pese a su aspecto, muy robusto y musculoso, es muy rápido y ágil, y no es raro verlo subido a un árbol o nadando en un río persiguiendo a una presa. Sin embargo, no le gusta pasar desapercibido: se comunica con chillidos muy agudos y, además, huele muy mal.

DUGONGO

Los dugongos, junto con los manatíes, pertenecen a un orden muy curioso, el de los **SIRÉNIDOS**, llamados así porque, hace muchos, muchos años, los marineros **LOS CONFUNDÍAN CON SIRENAS**.

Emparentado con el manatí, es el **ÚNICO MAMÍFERO ACUÁTICO COMPLETAMENTE HERBÍVORO** que existe en la actualidad. Quizá por eso se lo conozca también como «vaca marina». Mide unos 3 m de longitud y pesa unos 200 kg. Vive en las aguas costeras de la mayor parte de Oceanía. No nada demasiado: sube a la superficie cada 15 minutos para tomar aire y nunca suele sumergirse a más de 10 m de profundidad. Vive solo o en pareja.

Aunque sigue una dieta estrictamente herbívora, el wombat es un animal con digestiones lentas y pesadas que pueden durar hasta **¡14 DÍAS!**

WOMBAT

A pesar de que parezca un roedor, este **MARSUPIAL**, habitual en las zonas boscosas de Australia y la isla de Tasmania, es completamente distinto. Posee un tamaño considerable: los ejemplares adultos miden 1 m de longitud y pesan entre 30 y 35 kg. Se oculta en madrigueras que excava con sus fuertes patas delanteras. Aunque suele vivir en las praderas no es fácil verlo, ya que sólo suele salir de noche, en busca de brotes y raíces.

PÓSUM

Habitual también en Nueva Guinea y las islas Célebes, este pequeño marsupial **OMNÍVORO** es muy común en los bosques y las zonas húmedas de Australia. Existen diversas especies y variedades cuyos tamaños oscilan entre los 7 y los 50 cm de longitud. De hábitos nocturnos, pasa el día escondido en los nidos que construye en el interior de los árboles.

NUEVA ZELANDA Y NUEVA GUINEA

Además de Australia, Oceanía cuenta con tres grandes islas: la de Nueva Guinea, también llamada Papúa, y las dos que conforman Nueva Zelanda.

Nueva Zelanda, formada por las islas **NORTE** y **SUR**, es bastante grande (268.680 km^2, aproximadamente la mitad que España). Predomina el clima oceánico, frío en invierno y templado en verano, con abundantes lluvias. Posee una fauna con especies muy distintas a las del resto del planeta.

Nueva Guinea, situada al norte de Australia, es la **segunda mayor isla del mundo** (posee una extensión de 785.753 km^2). Está cubierta de frondosos bosques en los que habita una gran cantidad de animales, muchos de ellos típicos del continente.

Las islas de Nueva Zelanda poseen una **vegetación abundante**, con bosques frondosos y muy húmedos, propios de las zonas de clima continental.

KIWI

Esta ave se ha convertido en el **GRAN SÍMBOLO DE NUEVA ZELANDA**. Los ejemplares adultos miden entre 25 y 45 cm, y pesan unos 3,5 kg. Sus alas, ocultas entre el plumaje, son tan pequeñas que no puede volar. Es un animal de costumbres nocturnas, que habita en los bosques y las zonas montañosas de la isla. Se alimenta de fruta, ranas, lombrices, insectos y otros invertebrados.

El tuátara posee un **«TERCER OJO»** en la frente: una especie de bulto recubierto de escamas que le permite detectar el calor de sus presas en la oscuridad.

TUÁTARA

Este **REPTIL** posee un tamaño considerable (unos 70 cm de longitud), una cabeza grande y un cuerpo y una cola muy robustos. Habita en Nueva Zelanda y las islas de los alrededores. Se alimenta de insectos, caracoles, pequeños reptiles, huevos y crías de aves que caza por la noche.

WETA

A pesar de que guarda un cierto parentesco con el saltamontes o el grillo, el weta es un insecto que sólo se encuentra en Nueva Zelanda. De unos 10 cm de largo y 35 g de peso, es uno de **LOS INSECTOS MÁS GRANDES DEL MUNDO**. Pasa el día oculto en madrigueras y sale de noche para alimentarse de vegetales, desechos y animales muertos.

KEA

Aunque en el pasado habitó en toda Nueva Zelanda, hoy en día sólo puede encontrárselo en los bosques, montañas y pastizales de la isla Sur. Es uno de los **LOROS MÁS GRANDES DEL MUNDO**: los ejemplares adultos miden unos 46 cm y pesan alrededor de 1 kg. Es muy juguetón y sociable: además de vivir en grupo, le gusta retarse con sus compañeros.

Aunque el pukeko es un **AVE** propia de Oceanía, tiene un pariente muy próximo en España, el **CALAMÓN**, al que puede verse en el Coto de Doñana, en Andalucía, así como en los humedales de la Comunidad Valenciana.

PUKEKO

Esta ave, muy extendida por los bosques del sur de Asia, Australia y Nueva Guinea, llama mucho la atención por su precioso plumaje de color azul, que contrasta mucho con el rojo del pico. Suele ser **BASTANTE AGRESIVO**, sobre todo cuando un animal se acerca demasiado a sus nidos. En ese momento, ¡comienza a chillar de una manera ensordecedora! Se alimenta de insectos, gusanos, grano, frutas y hojas.

CANGURO ARBORÍCOLA

Emparentado con el canguro, este **MARSUPIAL** se ha adaptado a la vida en los árboles de una manera tan perfecta que es muy raro verlo en el suelo. Habita en los bosques del noreste de Australia y Nueva Guinea. Es de tamaño considerable: mide entre 60 y 94 cm, sin contar la cola, grande y pesada. Se mueve con gran agilidad entre las ramas. Se alimenta de hojas, frutas y algún que otro insecto.

El canguro arborícola es un gran saltador: puede cubrir distancias de hasta **9 M** de un árbol a otro y de **¡18 M!** en el suelo.

AVE DEL PARAÍSO PEQUEÑA

Las aves del paraíso forman una familia muy extensa (hay más de **40 ESPECIES DISTINTAS** repartidas por todo el continente), si bien la mayor parte se concentra en Nueva Guinea. Son muy conocidas por su plumaje, muy colorido, y las largas plumas que adornan sus colas. El **AVE DEL PARAÍSO PEQUEÑA**, como indica su nombre, es de reducidas dimensiones: mide tan sólo 32 cm. Habita en los bosques del norte de la isla y se alimenta de fruta y animales **PEQUEÑOS**, como insectos y gusanos.

DE CERCA...

EL KOALA

El koala es, junto con el canguro, el animal más conocido de Australia y, por extensión, de toda Oceanía. Habita en los bosques de **eucaliptos** al este de la isla, donde suele colgarse a sus ramas, devorando hojas y brotes tiernos. Posee un cuerpo robusto, recubierto de un pelo fino y suave de color gris o marrón, y no es demasiado grande: los ejemplares adultos miden unos 75 cm y pesan 10 u 11 kg como máximo.

Aunque de momento el koala, no sufre ninguna amenaza, es un animal bastante delicado, ya que necesita vivir en bosques de gran extensión. Cualquier cambio en su hábitat puede **OCASIONARLE GRAVES PROBLEMAS**.

El koala es un **excelente trepador** gracias a sus manos, dotadas de cinco dedos, cada uno con garras duras y fuertes, repartidos de una manera muy curiosa, ya que podría decirse que tiene ¡dos pulgares!

Las hembras se distinguen de los machos porque tienen una cabeza más redondeada, una nariz menos ganchuda y una bolsa o marsupio.

A pesar de ser un animal solitario y territorial, suele formar colonias bastante estables. Cada individuo posee su propia parcela, con todos los eucaliptos que necesita para alimentarse, y sólo buscará compañía en el momento en que deba aparearse.

Al igual que muchos otros mamíferos del continente, el koala es un **MARSUPIAL**. Las hembras paren una sola cría, que suele pesar sólo **¡5 g!** Nada más nacer, se arrastra hasta la bolsa de la madre y se queda allí durante **seis meses**, mientras se desarrolla por completo.

SABÍAS QUE...

El koala es un animal bastante vaguete. Pasa unas **20 horas diarias durmiendo** y el resto... ¡masticando hojas de eucalipto! Eso sí, es todo un *gourmet*, si no le convence el aspecto de una determinada rama, no se la comerá.

EL TIBURÓN BLANCO

Habitual en las zonas templadas de todos los mares, el tiburón blanco es uno de los peces **más peligrosos** del reino animal. A pesar de su nombre, posee una piel oscura, que oscila entre el gris y el negro, y que se aclara a medida que envejece. Aunque los ejemplares adultos miden entre 4 y 5,5 m, se desconoce cuál puede ser el tamaño normal, ya que los tiburones pertenecen a un orden de peces, los **escualos**, que **nunca dejan de crecer**.

Cuando se dispone a morder a una presa, su boca se abre de tal manera que la **MANDÍBULA SE LE DESENCAJA POR COMPLETO**. Al cerrarse, lo hace con una fuerza ¡300 veces superior a la de una mandíbula humana!

El tiburón, a diferencia de otros muchos peces, posee un esqueleto formado por **cartílagos** —un tejido muy flexible que resiste muy bien la tensión y los golpes— y no por huesos.

Su boca es enorme y está equipada con **DOS FILAS DE DIENTES** capaces de atrapar y destrozar a cualquier presa, a la que puede detectar a varios kilómetros de distancia gracias a su potente olfato. Se alimenta de grandes mamíferos marinos, como orcas, delfines, focas, etc., a los que acecha en la distancia, camuflado en las zonas más oscuras del océano, y ataca de improviso. Suele llevar una vida solitaria y sólo busca compañía durante la época de reproducción. Al ser un animal **ovovivíparo**, las hembras retienen los huevos en el interior de su cuerpo hasta que éstos eclosionan y nacen las crías, de 1,2 m de largo, que se alejan de inmediato para vivir por su cuenta.

SABÍAS QUE...

El tiburón **nunca duerme** porque debe mantenerse siempre en movimiento, si no, se hundiría. A diferencia de otros peces, carece de vejiga natatoria, una especie de bolsa que suele estar bajo la columna vertebral y que se hincha o se deshincha para que el animal ascienda o descienda sin realizar un gran esfuerzo.

LAS REGIONES POLARES: EL ÁRTICO

El Ártico se extiende alrededor del polo Norte. A diferencia de la Antártida, no es un continente en sí, sino un conjunto de regiones que pertenecen a América del Norte, Europa y Asia, así como un extenso océano helado. Su área queda delimitada por el denominado **CÍRCULO POLAR**, un paralelo que se halla a 66° 33’ 44” de latitud.

A pesar de su aspecto desolado, el polo está lleno de vida, como podrás ver a continuación.

El **polo Norte**, situado en el centro del Ártico, es un lugar frío, seco y dominado por fuertes vientos, donde las temperaturas oscilan entre los –40 °C y los –10 °C.

Cuando llegamos a Nueva Zelanda, todos pensamos que el viaje había terminado. ¡De ningún modo! Hiena nos recordó que debíamos visitar **LOS POLOS** y estudiar a su sorprendente fauna.

FRAILECILLO

Esta simpática ave, de unos 30 cm de altura y aspecto tan llamativo, habita en la **PERIFERIA** del Ártico, vive en los acantilados de Islandia y Noruega, aunque también puede vérsela en Escocia o Irlanda. Se alimenta de peces, a los que captura zambulléndose en las frías aguas del mar del Norte.

ZORRO ÁRTICO

A diferencia de sus primos del sur, es un **CARNÍVORO** que se alimenta de aves y pequeños mamíferos, como ratones o conejillos. **SU PELAJE CAMBIA DE COLOR** en función de la estación (blanco en invierno y marrón en verano), para camuflarse con el entorno.

RENO

También conocido como caribú, este **RUMIANTE** se ha adaptado perfectamente a las duras condiciones del Ártico: no sólo es un excelente nadador sino que posee una visión capaz de captar la **RADIACIÓN ULTRAVIOLETA**, algo imposible para el ojo humano.

BUEY ALMIZCLERO

Vive en manadas de hasta 100 ejemplares y, a pesar de ser muy tranquilo, se vuelve muy agresivo cuando debe defender a sus crías. Se alimenta de musgos, líquenes y pastos. Mide unos **2,5 M DE LONGITUD** y alcanza los **400 KG**. A pesar de su aspecto, su pariente más cercano es... ¡la cabra!

FOCA

Aunque algunas especies viven en el Mediterráneo, el Atlántico o el Pacífico, la mayor parte suele concentrarse en las regiones polares y, en especial, en la Antártida. Pasa casi todo el día **EN EL AGUA**, alimentándose de peces, crustáceos y calamares.

MORSA

De casi 3,5 m de largo y más de **1.000 KG DE PESO**, es uno de los mayores mamíferos que vive en el Ártico. Se alimenta de moluscos, como las almejas, calamares, peces y gusanos. Sus colmillos, de casi 1 m, le sirven para defenderse y para ayudarse a **SALIR DEL AGUA**.

OSO POLAR

Además de ser el rey del Ártico, es el **CARNÍVORO TERRESTRE MÁS GRANDE DEL PLANETA** (mide 2,5 m de largo y pesa más de 500 kg). Devora a cualquier animal que encuentre, salvo los zorros y los lobos árticos. Al vivir en mitad de un océano helado, **NUNCA BEBE AGUA**, porque está salada.

LAS REGIONES POLARES: LA ANTÁRTIDA

Llegamos por fin a la Antártida, **el sexto continente de la Tierra** y el que se encuentra **a mayor altitud** (unos 2.000 m por encima del nivel del mar). De forma casi circular, posee una superficie de unos 14.000.000 km^2. La mayor parte del territorio está cubierta por una enorme capa de hielo de entre 2.500 y 4.000 m de espesor. Está prácticamente deshabitada. La única fauna existente se concentra en el litoral y las aguas que lo bañan.

La descomunal masa de hielo que cubre el continente alberga el 80 % del **agua dulce de todo el planeta**.

PINGÜINO

Sus alas, planas y muy fuertes, aunque incapaces de volar, le permiten nadar con rapidez. Además, a pesar de que camina con torpeza, puede recorrer varias decenas de kilómetros para reunirse en **GRANDES COLONIAS**.

ESCÚA POLAR

Habitual en las costas antárticas, esta **AVE** de tamaño mediano (mide unos 50 cm de longitud) es un **PREDADOR FORMIDABLE**. Vuela en grandes bandadas, con las que caza o roba alimento a otros animales.

ORCA

Sus 9 m de largo y más de 5.000 kg de peso la convierten en **UNO DE LOS ANIMALES MÁS GRANDES DE TODO EL OCÉANO**. Es un carnívoro muy voraz, aunque en absoluto sanguinario, a pesar de que se la conoce también como «ballena asesina».

ELEFANTE MARINO DEL SUR

Aunque mide 4,5 m de largo y pesa **¡3.000 KG!**, se lo denomina así por su característico morro, que puede hincharse como un globo y recuerda a la trompa. Vive en las aguas que bañan la Antártida, en las que se alimenta de peces y calamares.

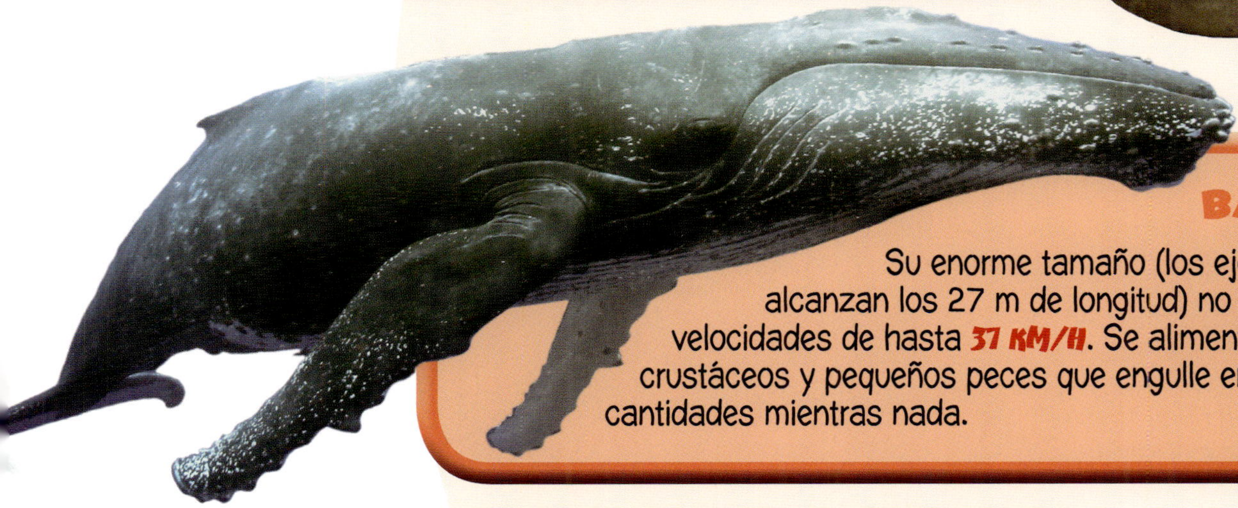

BALLENA AZUL

Su enorme tamaño (los ejemplares adultos alcanzan los 27 m de longitud) no le impide nadar a velocidades de hasta **37 KM/H**. Se alimenta de calamares, crustáceos y pequeños peces que engulle en grandes cantidades mientras nada.

LEOPARDO MARINO

Aunque está emparentado con la foca, es un animal mucho más agresivo que suele vivir solo. Es el principal **DEPREDADOR DE LOS PINGÜINOS**.

ALBATROS REAL

Sus alas, una vez desplegadas, miden **¡3 M!** de una punta a otra. Habita en las costas de la Antártida y algunas islas cercanas, como las Antípodas, en Oceanía. Se alimenta de peces pequeños, calamares y krill.

LA VIDA MARINA

Los océanos cubren el **71 % de la superficie del planeta**. Aunque su profundidad varía según el relieve del fondo marino, ésta suele ser de unos 3.900 m por término medio.
La vida en los océanos se extiende desde la superficie de las aguas, pobladas por unos organismos diminutos conocidos como plancton, hasta las zonas más recónditas, situadas a unos 10.000 m de profundidad.
Al igual que en la superficie terrestre, la vida marina se organiza en diversos ambientes o hábitats, integrados por diferentes especies. A grandes rasgos, pueden distinguirse dos tipos de hábitats: los **COSTEROS** y los situados en **mar abierto**. Los primeros se encuentran en la franja litoral que bordea los continentes y los segundos, en las zonas interiores de los mares y océanos. La mayor parte de los animales y plantas marinos vive en los hábitats costeros.

Justo cuando nos disponíamos a abandonar la Antártida, recibimos un mensaje del Profesor Voltio. Nos citaba en Tonga, una pequeña isla de la Polinesia. «¡Fantástico!», pensé. Tras recorrer todo el mundo, tendría la oportunidad de pasar unos días en la playa, tomando el sol y descansando. Pero no fue así. El profesor nos esperaba a bordo de un fabuloso submarino, listo para realizar nuestra última etapa: la **EXPLORACIÓN DE LOS FONDOS MARINOS**.

Los océanos están llenos de vida. En la actualidad, se conocen unas 32.000 especies de peces, 128 de mamíferos, 79 de reptiles y 122.000 de invertebrados. ¡Y muchos científicos afirman que **SÓLO SE HA CATALOGADO EL 5 %** de todos los animales que viven en los océanos!

RAYA

De cuerpo plano y esqueleto cartilaginoso, está emparentada con los tiburones. Habita en los fondos marinos litorales de casi todos los océanos del planeta. Suele alimentarse de gambas, camarones, cangrejos, calamares y pulpos pequeños. Lleva una vida solitaria y sólo se relaciona con otras rayas durante la época de la reproducción. La mayor parte de las especies es **OVOVIVÍPARA**.

MORENA

Este pez de cuerpo plano y alargado, similar a una anguila, se oculta entre las grietas de las rocas y los arrecifes coralinos de los mares templados y tropicales. Algunos ejemplares pueden medir hasta 150 cm de longitud. Sus fuertes mandíbulas y sus dientes, afiladísimos, la convierten en un **FEROZ DEPREDADOR**.

MEDUSA

Pese a su apariencia delicada, es uno de los animales más peligrosos que puede encontrarse en las aguas cercanas a la superficie del mar. Todo su cuerpo cuenta con diminutas **CÁPSULAS DE VENENO** que utiliza para cazar o defenderse de posibles agresores. Vive en grandes colonias que, en algunas ocasiones, pueden ocupar áreas de varios kilómetros cuadrados.

La estrella de mar tiene una forma muy curiosa de alimentarse: cuando captura a su presa, en lugar de ingerirla, saca su estómago fuera del cuerpo, introduce en el interior el alimento y, tras realizar la digestión, **¡VUELVE A GUARDARLO DENTRO!**

ESTRELLA DE MAR

Pese a su aspecto, es un animal **CARNÍVORO** que se alimenta de camarones, cangrejos, almejas, ostras o caracoles marinos. Habita en los fondos arenosos y rocosos del litoral. Posee una extraordinaria capacidad de regeneración: si una estrella pierde un brazo, lo crea de nuevo y, del brazo perdido, **¡NACE OTRA ESTRELLA!**

CABALLITO DE MAR

Aunque nadie lo diría, **¡ES UN PEZ!** Se mueve de una manera muy curiosa, enrollando y desenrollando su cola. Habita en los fondos marinos de aguas templadas, entre las rocas y los campos de algas. Se alimenta de camarones, almejas, ostras y otros pequeños animales marinos.

CANGREJO ERMITAÑO

Al tener el abdomen más blando que otros cangrejos, se ve obligado a refugiarse en el **INTERIOR DE UNA CONCHA DE CARACOL ABANDONADA** que cambiará por otra mayor a medida que crezca. Aunque es un carroñero, también se alimenta de gusanos, mejillones, caracoles marinos, camarones, etc.

CACEROLA DE LAS MOLUCAS

Emparentado con las arañas, este **ARTRÓPODO** es un auténtico fósil viviente: apenas ha evolucionado desde que apareció hace **¡UNOS 450 MILLONES DE AÑOS!** Vive en las aguas costeras del Golfo de México, el Atlántico norte y el sureste Asiático. Se alimenta de gusanos, almejas, ostras, mejillones y otros invertebrados.

LA VIDA MAR ADENTRO

Los fondos marinos comienzan en la costa, al borde del mar, y se extienden aguas adentro siguiendo la pendiente que forman las plataformas continentales situadas a unos 200 m de profundidad. A continuación, arranca una fuerte pendiente, llamada **TALUD CONTINENTAL**, que lleva hasta el fondo del mar profundo, situado unos 4.000 m más abajo, una enorme extensión de arena y roca donde no llega la luz del sol, surcada por cordilleras y enormes grietas llamadas **FOSAS**.

Los hábitats o ambientes oceánicos cambian en función de la profundidad. En términos generales, se considera que el océano se divide en cinco zonas o niveles:

- La zona **EPIPELÁGICA**, situada entre la superficie del océano y los primeros 200 m de profundidad, donde vive la mayor parte de animales y vegetales marinos.
- La zona **MESOPELÁGICA**, comprendida entre los 200 m y los 1.000 m de profundidad, corresponde ya al mar abierto. En sus aguas viven animales como las ballenas, los peces espada, los calamares o los tiburones.
- La zona **BATIAL**, que se extiende de los 1.000 m a los 4.000 m de profundidad, apenas ofrece posibilidades para vivir. La luz del sol no llega y no se desarrollan algas ni otros vegetales, por lo que los pocos seres que viven allí —calamares, rapes, etc.— son carnívoros depredadores o carroñeros.
- La zona **ABISAL**, ubicada entre los 4.000 m y los 6.000 m, es una de las regiones menos conocidas. Oscura y fría, está poblada por seres de apariencia monstruosa, muchos de ellos transparentes.
- La zona **HADAL**, presente sólo en el interior de las fosas, se extiende a partir de los 6.000 m. Casi no está poblada, aunque viven algunos animales tan enigmáticos como calamares gigantes y holoturias.

Nuestro viaje por los fondos marinos proseguía **¡MORROCOTUDAMENTE!** Todos mirábamos por las ventanillas, asombradísimos por las formas tan extrañas de los animales, mientras el Profesor Voltio nos explicaba algo más sobre los océanos.

PEZ GLOBO

También llamado **PUERCOESPÍN DE MAR**, cuando se siente amenazado, se hincha y aumenta su tamaño para asustar a los posibles depredadores.

DELFÍN

De tamaño considerable (de 2 m a 9 m), es uno de los **MAMÍFEROS MÁS GRANDES DEL PLANETA**. Es carnívoro estricto y **MUY INTELIGENTE**: se comunica mediante chillidos, saltos y unos peculiares movimientos que recuerdan a los pasos de danza.

TIBURÓN BALLENA

Sus 12 m de longitud lo convierten en el **PEZ MÁS GRANDE DEL MUNDO**. Habita en alta mar, aunque no es raro verlo cerca de las costas del Trópico. Se alimenta de plancton, gambas y peces pequeños.

TIBURÓN MARTILLO

Con su peculiar cabeza, puede ver todo cuanto sucede por **¡DELANTE Y POR DETRÁS!** Algunos ejemplares alcanzan los 6 m de largo y pesan 500 kg.

PEZ LUNA

Con sus casi 1.000 kg, es el pez **ÓSEO MÁS PESADO DEL MUNDO**. Algunos ejemplares alcanzan los 3 m de longitud. Se alimenta de medusas y plancton.

PULPO ABISAL

De cuerpo gelatinoso y transparente, habita en las zonas más profundas del océano, donde no llega la luz. Al igual que las medusas, ha desarrollado la capacidad de **BRILLAR DE FORMA NATURAL**.

HOLOTURIA

También conocida como *pepino de mar*, habita en los fondos marinos desde hace más de **400 MILLONES DE AÑOS**. Cuando se siente acosada por un depredador, **EXPULSA SUS VÍSCERAS** para que éste las devore mientras huye a toda prisa. Una vez a salvo, las regenera.

ESPECIES EN PELIGRO DE EXTINCIÓN

Desde que apareció la vida en la superficie terrestre, han desaparecido muchas de las especies que poblaron el planeta. En términos generales, una especie deja de existir por causa de los depredadores o porque cambia su hábitat y desaparecen los recursos que necesitaban para vivir. En condiciones «normales», la desaparición de una especie se da de manera lenta, a lo largo de varias generaciones. La acción del ser humano, en especial la relacionada con la **deforestación** y la *contaminación*, ha acelerado este proceso en muchos lugares del mundo.
Desde hace varias décadas, diversos organismos internacionales intentan llevar un recuento de los ejemplares de cada especie animal y vegetal para determinar su **estado de conservación**. Actualmente hay casi **2.500 especies** en peligro de extinción y unas **1.600** que están a punto de desaparecer.

A lo largo de nuestro **FANTÁSTICO** viaje, pudimos ver y estudiar un gran número de especies animales. Por desgracia, no pasó ni un solo día en que **PATTY** no encontrase alguna que estaba **A PUNTO DE DESAPARECER**. Mientras redactábamos este atlas, pensé que nuestra amiga podría explicarnos en qué situación se encuentra la fauna del planeta.

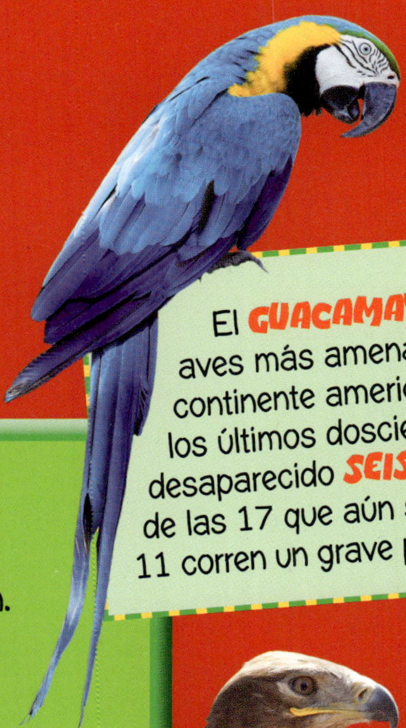

El **GUACAMAYO** es una de las aves más amenazadas del continente americano. A lo largo de los últimos doscientos años, han desaparecido **SEIS ESPECIES** y, de las 17 que aún se conservan, 11 corren un grave peligro de extinción.

AMÉRICA

ANFIBIOS: ajolote, rana dardo, sapito arlequín.
AVES: águila calva, cóndor, halcón peregrino, pelícano blanco, tucán.
MAMÍFEROS: armadillo gigante, ballena azul, jaguar, nutria marina, ocelote, oso grizzli, oso polar, puma, tapir, tamarino león dorado.
PECES: totoaba, trucha apache.
REPTILES: caimán americano, tortuga marina, tortuga bastarda, tortuga laúd.

EUROPA

AVES: buitre leonado, cerceta pardilla, cigüeña, quebrantahuesos, urogallo.
REPTILES: gallipato, tortuga laúd.
MAMÍFEROS: erizo moruno, lince boreal, lince ibérico, lobo, murciélago patudo, musaraña, oso pardo.
PECES: anguila europea, atún rojo, esturión, samarugo.

El **lince ibérico** es el felino más amenazado del mundo: sólo quedan unos **215 ejemplares**, localizados en Andalucía y un pequeño enclave de los Montes de Toledo.

En la península Ibérica existe un gran número de especies animales distintas a las del resto de Europa. Algunas, como el **ÁGUILA IMPERIAL**, se hallan todavía amenazadas.

ÁFRICA

MAMÍFEROS: chimpancé, elefante africano, gaur, gorila, guepardo, lémur negro, leopardo, foca monje, perro salvaje africano, rinoceronte blanco, ballena azul.
PECES: celacanto de Comores.
REPTILES: camaleón enano, tortuga laúd.

Aunque en la actualidad se conocen unas 100 especies de lémures, la deforestación ha llevado a algunas, como el **LÉMUR RUFO BLANCO Y NEGRO**, al borde de la extinción.

El **MONO NARIGUDO** es único en su género. Sólo se encuentra en los bosques de Borneo, en Indonesia. En la actualidad, apenas viven unos **7.000 EJEMPLARES**.

ASIA

ANFIBIOS: salamandra gigante china.
AVES: ibis nipón.
REPTILES: gavial, tortuga laúd.
MAMÍFEROS: caballo salvaje mongol, elefante asiático, león asiático, leopardo de las nieves, orangután, panda gigante, rinoceronte indio, tigre de Bengala.
PECES: pez espátula chino, tiburón del Ganges, tiburón de Tailandia.

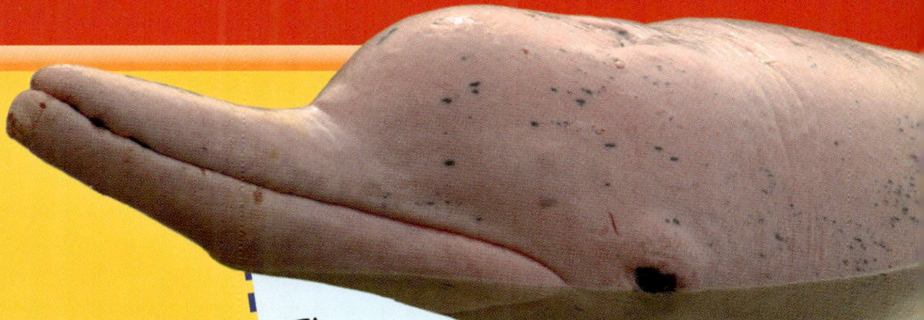

El **DELFÍN CHINO DE RÍO** o baiji **DESAPARECIÓ EN 2008**. Sólo quedan algunos ejemplares en cautividad, como éste del zoo de Singapur.

A pesar de que su pesca está prohibida, la **BALLENA AZUL** continúa estando amenazada: no hay más de **12.000** ejemplares en todo el planeta.

OCEANÍA

AVES: águila monera o filipina, kakapo, kiwi, takahe.
REPTILES: dragón de Komodo.
MAMÍFEROS: ballena azul, wombat, zorro volador de Carolina.

Nuestro mundo es **BELLÍSIMO**, pero muchas veces nos olvidamos de que, si no lo cuidamos, ¡puede echarse a perder!

ÍNDICE ALFABÉTICO

¡Cuántos animales hay en el atlas! ¿Te acuerdas de todos? ¡No te preocupes! En la lista que puedes consultar a continuación hemos recopilado todos los nombres de los animales que hemos seleccionado. Tan sólo tienes que buscarlos por orden alfabético e ir a la página que se te indica. Los números en **negrita** indican que, además de mencionarlo en el texto, ¡aparece su foto!

¡Hasta pronto!
¡Nos vemos en el próximo libro!

OCÉANO GL
AMÉRICA DEL NORTE
OCÉANO ATLÁNTICO
A. CENTRAL
OCÉANO PACÍFICO
AMÉRICA DEL SUR
OCÉAN
ATLÁNT